时代

智慧门店
转型胜经

许可 王海舰 著

经济管理出版社
ECONOMY & MANAGEMENT PUBLISHING HOUSE

图书在版编目（CIP）数据

新零售时代智慧门店转型胜经/许可，王海舰著.—北京：经济管理出版社，2019.5
ISBN 978-7-5096-6416-2

Ⅰ.①新…　Ⅱ.①许…②王…　Ⅲ.①零售业—商业经营　Ⅳ.①F713.32

中国版本图书馆CIP数据核字（2019）第035950号

组稿编辑：宋　娜
责任编辑：宋　娜　田乃馨　张馨予
责任印制：黄章平
责任校对：赵天宇

出版发行：经济管理出版社
　　　　　（北京市海淀区北蜂窝8号中雅大厦A座11层　100038）
网　　　址：www.E-mp.com.cn
电　　　话：（010）51915602
印　　　刷：三河市延风印装有限公司
经　　　销：新华书店
开　　　本：720mm×1000mm/16
印　　　张：14.5
字　　　数：219千字
版　　　次：2019年5月第1版　2019年5月第1次印刷
书　　　号：ISBN 978-7-5096-6416-2
定　　　价：68.00元

前言

　　"未来的十年、二十年，没有电子商务这一说，只有新零售这一说，也就是说线上线下和物流必须结合在一起，才能诞生真正的新零售，线下的企业必须走到线上去，线上的企业必须走到线下来，线上线下加上现代物流合在一起，才能真正创造出新的零售起来。"这是2016年10月13日，马云在云栖大会上第一次提出"新零售"。

　　以"马爸爸"和阿里巴巴的江湖地位，新零售迅速成为2016~2017年最火热的词，没有之一，行业大佬纷纷跟进。

　　以阿里、京东、唯品会为代表的互联网强商，通过直营、加盟、投资等形式加速线下布局，已完成多种形态厅店的布局。2017年7月10日，京东集团董事局主席兼首席执行官刘强东发表题为《第四次零售革命意义将超互联网》的文章，发出第四次零售革命宣言，提出"无界零售"。

　　以苏宁、国美、万达等为代表的传统零售巨头在新零售方面的布局步伐却是参差不齐，苏宁以通过直营、加盟的形式大规模布局线下门店，扩张速度较快；国美、万达等跟进的节奏相对比较滞后。

　　以小米、联想、华为、OPPO为代表的终端公司在新零售方面的在门店升级方式上各有不同，小米、联想通过自建、直营、加盟的方式，华为通过现有门店升级的方式，OPPO则通过打造超级旗舰店的方式。

各大巨头在推进新零售的过程中，落地的载体即门店也形成了各种各样的新物种，阿里的盒马鲜生、盒小马、天猫小店及八路纵队，京东系的京东之家、7-Fresh、永辉超级物种，苏宁的苏宁易购精选店、苏鲜生，小米的小米之家，联想的智生活，OPPO的超级旗舰店，以缤果盒子为代表的无人货架和无人值守店的风生水起。

新零售厅店的效果是惊人的，小米之家的坪效达到了惊人的27万/年，是传统零售店的20倍；盒马鲜生上海金桥店2016年全年营业额约2.5亿元，坪效约5.6万元，大约是同业的3.7倍。

一切的一切，都预示着零售领域商业模式的巨变。近两年互联网巨头和传统零售企业纷纷重金布局线下场景，试图通过线上线下的融合，最终改善零售的履约方式，在"人、货、场"三个维度下重构新零售的产业生态，新零售正在倒逼传统零售商转型，传统零售商面临来自互联网企业尤其是电商的巨大冲击，步履维艰，急需转型，在移动互联网时代不论是消费者、技术环境、生态环境都发生了巨大的变化，衍生出了巨大的改进空间。

目录

5. 重新定义门店：智慧化

6. 盒马鲜生：线上到线下超级样板

7. 小米之家：坪效全球第二的超级网红

8. 超级物种：传统生鲜与互联网牵手

9. 无人零售：风口上的智能化转型

10. 其他新物种

11. 样板启示

12. 十步轻松打造智慧门店

22. 智慧门店中必知的黑科技

23. IT 通信类门店实战操作

24. 智慧门店转型未来展望

1. 传统零售业痛点

1.1 "互联网+零售"降维打击

1.1.1 互联网时代的"降维打击"

"降维打击"一词源自科幻小说《三体》，顾名思义，首先要降维。大概来讲我们的世界是个四维的世界，三维表示立体，外加一维的时间，三维世界能看到二维世界，但二维世界却看不到三维世界，但是三维世界的生物是无法生活在二维世界的。当采用二维世界的生物生存方式，向三维世界发生攻击时，我们就叫它为降维打击。简单来说就是把鱼放在没有水的环境里是无法生存的，而且这种打击是致命的。当互联网电商出现后，地域这个维度没有了，实现了"降维"，这对一些线下传统零售企业来说是很大的冲击，甚至是灭顶之灾。

以前，传统百货、超市往往会开在人流量较多的地区，因为只有这样才会有生意，企业才能盈利，企业盈利主要的来源就是每天进进出出的人流量。但是现在淘宝、天猫、京东上的小商铺占据了客流优势和成本优势。

正如德意志银行发布的全球传统百货年报中所表述的事实，"在刚刚过去的传统圣诞购物季，美国最大的两家百货公司柯尔百货和梅西百货销售额同比下降了2%以上，与此同时，在线零售商却继续赚得盆满钵满。"与梅西百货经营模式相似的一些传统经营者不禁会问"为什么会造成这样的局面"？究其原因，正是因为互联网电商的出现打破了原有的地域限制，从而倒逼传统零售商颠覆其固有的商业模式。

1.1.2　"商战"下的三种降维打击形态

现实商战中，降维打击早已从最初产品之间、企业之间，上升到了商业模式之间的降维打击。

产品之间降维打击的本质就是用更高维度的产品去打击低维度的产品。比如在同样的区域内，相同总价、相同面积的别墅类产品与普通平层类产品相比，就具有更高一级的维度。

企业之间的降维打击，低维度的企业往往根本没有还手之力。传统的零售业之所以受到电商的冲击，核心原因还在于公司属性的不同维度：当电商达到一定的规模，其边际成本可以忽略不计。比如阿里巴巴的余额宝只是对传统银行活期存款业务进行了产品的降维打击，但当它旗下的网商银行成立之后，面对这家以大数据、云处理为核心的互联网银行，传统银行的经营成本和效率都无法和它相提并论。

最残酷的降维打击就是商业模式之间的，因为可能你都看不懂别人是如何出招的。最大的变化是无法判断竞争对手是谁。这就是所谓的降维打击，有些竞争对手根本不是沿着你的战场"打过来"的，再怎么防御、反击也没用。比如小米曾推出47英寸3D智能电视，全部顶配才2999元。而同期市场上相同配置的电视都要近4000元，2999元在成本构成中只是硬件的购买成本，根本无法包括产品研发，流通环节中的渠道费、营销推广费、库存物流费等，传统的电视厂家在电视行业这个维度中思考，是无法想象小米是如何做到的。

降维打击的前提是企业必须要有自己的长板，而且舍得让出利益，用自己的长板和最高维度的企业组成更大容量的木桶。

1.1.3 互联网电商线下开店产生强大聚客效应

目前国内外新零售领域内有三股势力正在加紧布局，其中第一类是以阿里、京东、亚马逊为代表的电商巨头，它们主要是从线上向线下逐渐渗透，并与一些零售企业通过合作或收购形式拓展新零售，是推动新零售落地的主要力量。

其次则是转型中的大型零售企业，如永辉、沃尔玛、百联等，它们则主要从线下向线上延伸，这类企业在积极选择自建网络渠道对新零售模式进行探索的同时，也成为了当前电商巨头们抢占线下资源的合作对象。

另外还有正在兴起的新零售创业企业，如便利蜂，但这类企业尚处于起步阶段，商业模式还有待市场验证。

盒马鲜生是阿里巴巴新零售阵营最生猛的先锋，其坪效是中国市场同行的3~5倍左右。盒马鲜生的每一家店都是一个配送中心，开业一年以上的盒马鲜生店，70%的订单来自线上。当有客户下单以后，会有专门的工作人员进行分拣，通过传送带直接传送到配送人员手中，以店铺为中心，将方圆3公里内的客户一网打尽。

1.2 新零售左冲右突跨界扩张

对于新零售企业而言，借助自身的数据优势、规模优势、客户优势，向纵向及横向延展，向其他行业扩张，通过全品类的拓展满足客户"一站式"购物、"一揽子"解决的需求，是提高单店效益，最大化经营利益的不二法门。接下来以小米之家为例。

新零售百舸争流，小米以产品起家，多年来小米只做线上电商业务，线下业务长期缺席。从2016年2月小米正式切入线下零售战场到2016年底仅只有51家店，然而其迅速扩张版图的速度令人瞠目结舌，截至2017年9月3日"小米之家"已经开了180家店，但小米的野心远不止于此，未来的战略是在2019年开1000家门店，在中国市场的收入五年内突破700亿元。

1.3 大数据崛起选址如虎添翼

新零售时代对于线下门店既是机遇又是挑战，其中重中之重就是布局选址。以往常规的新店选址方法，一般都是人工实地考察走访，观察目标地段的位置是否为热门商圈，还有与居民区、学校、商业区等地的距离，调查人流量、交通方式等。同时还要面临种种情况下导致的信息不对称，投入了大量的时间和精力，却发现付出和所得完全不成正比。而新零售时代的选址，不再单一从人流数量进行判断，而是通过线下大数据的分析，进行整体的、全新的智能规划。

2. 消费变化日新月异

2.1 "新世代"需求翩然而至

随着国民收入水平提高，高品质消费趋势愈加明显，文化、娱乐、健康等新消费需求爆发，不同年龄层消费者也呈现出多样、细分的消费诉求，一个"新消费时代"已经到来。在此背景下，创新型体验消费、创新型商品消费将成为消费增长的核心驱动力。

2.1.1 生活体验化需求促进线下价值回归

在消费升级、新零售政策驱动下，国内数字经济蓬勃发展，国内收入阶层变化，新兴中产家庭数量大幅增加，"80后""90后"成为消费主力军，追求个性化、注重实现型消费，青睐"便捷化、品质优、体验佳"的消费模式，消费场所发生变化，日常活动场所涵盖了商业综合体、大中型商超，便利店、大型会所会馆等，流动场所消费频次明显上升，主要包括交通枢纽、景区、田园综合体等。

新消费时代，用户需求全面升级，由生存、发展逐步提升至享受型消费，形成了品质生活、互动体验、个性定制、便捷高效、绿色健康的五大新消费理念，用户对生活化、体验化的消费需求同样将促进线下实体体验价值的回归。

消费需求从标准化模仿型向多样化理性转变，无论是刚需，还是非刚需，消费者越来越重视对品质生活的追求。

消费场景中的互动体验日新月异，实体、虚拟、虚实结合等互动方式，使消费者的互动体验过程更为丰富、立体。

由于受到审美喜好、教育文化、生活习惯等影响，以及消费者越来越注重自我、内涵的体现，个性、定制成为消费市场中不可忽视的现象。

手机支付、移动应用、外卖等快速发展，在不同程度上提升了社会方方面面的效率，为消费创造了更加便捷的服务环境。

从低碳出行，到有机食品，再到运动健身，无不折射出人们的绿色环保、健康养生的生活志趣，绿色健康正在成为一种生活方式。

新消费时代的到来，用户数字生活需求巨大，社交属性突出的直播、电竞、在线演艺等新兴内容对新兴用户吸引力极大，成为新兴流量入口。

2.1.2 线上消费增速放缓，实体商业迎来新发展契机

随着互联网"流量红利"边际递减，流量获取成本持续攀高，线上零售瓶颈加速来临，据国家统计局最新数据显示，2012~2017年全国网上零售额同比增速从67.5%下降至39.2%。网购对实体商业的冲击正逐步减轻，线上零售更加积极地拥抱线下实体，并将其作为未来消费重要的增长领域。

以图书市场为例，互联网时代传统书店单一的销售模式不符合时代潮流，复合型书店，线上线下双渠道的销售模式是必然趋势。未来的实体书店，不仅是售书、娱乐休闲的文化空间，更是一座城市的坐标和文化象征。从2016年下半年起，以亚马逊、京东、当当为代表的图书电商纷纷通过开设实体书店，增强消费者体验，巩固其市场占有率。

2016年9月3日，当当网与步步高联合打造的"O+O实体书店"当当梅溪书店在长沙正式开业，当当梅溪书店是全国第一家"O+O书店"，它的定位是集书店、咖啡、艺术空间、展览、讲座等于一体的文化社交场所。作为

全国第一家"O2O模式"的书店,它有以下几大看点:

● 线上与线下统一价位,体验与实惠兼得

以前,很多消费者习惯于在线下书店看书,却在网上买书。那是因为网上的图书价格通常会比实体店出售的书籍至少低30%,当当实体书店的出现为消费者带来了福音,当当采用线上与线下统一价位,消费者在增强体验感的同时也能享受到网购的实惠价格。

● 打破图书传统分类,依托大数据智能选品

当当利用其精湛的大数据技术,可以精确分析出不同城市目标群体的消费需求,为实体店献计献策。以长沙地区为例,利用大数据分析发现,其所在地区目标群体偏爱于阅读政治类或军事类书籍,而休闲爱好类书籍相对阅读量较少,因此当当的选品团队通过多维度大数据分析,针对其地区阅读量较大的书籍采用多品类覆盖的模式,阅读量较少的类别则采用少而精的路线。

● 定期举办文化沙龙,打造"名人效应"

为了营造更浓厚的书香氛围,提升消费者对品牌的认知度,当当定期在店内举办多场次免费的文化沙龙、读者见面会等,意在将书店打造为文化殿堂。

● 跨界经营,打造高品质生活

当当书店除自有平台图书外,还在大举发力自有平台非书商品,包含文创、工艺品、艺术拍卖和艺术衍生品、当当优品以及自有服饰品牌等,打造线下文化产业链内全品类销售、展示及社交空间。

2.2 体验型智能产品爆发

2.2.1 传统智能产品消费趋于饱和,新型智能联网硬件爆发商机

信息消费品类经历了个人电脑、移动通信终端时代,目前正逐步进入物联设备泛在化时代,智能联网产品发展迅速,基于硬件互联的信息消费生态体系粗具雏形。新一代智能硬件变革如AR技术革命正推动联网设备从个人

电脑、手机、电视等传统信息通信设备向汽车、医疗、机器人、无人机等物品广泛延伸。此外，全球智能手机市场进入低速增长时代，信息终端产品消费趋于饱和，据工信部统计数据表明，相比2016年全球智能手机出货量，2017的出货量仅比上年提升2个百分点，而势头正旺的可穿戴设备，例如智能手环、智能眼镜、智能家居等产品却发展迅速，预计2021年全球可穿戴设备出货量将达到5亿台，智能家居设备出货量更是将达到12亿台，成为新蓝海。

2.2.2 "新零售"理念助力门店华丽转型

以往公众认知中，国内传统门店只是办理一些传统业务的场所，布置过于呆板，服务流程过于烦琐。新零售市场的竞争空前激烈，多家互联网电商的线下门店如同雨后春笋般涌现出来，为了摘除原本线下门店在用户眼中的"传统"标签，传统企业纷纷与京东、苏宁等各大电商合作。

2017年12月15日，中国联通与阿里巴巴联合打造的"中国联通智慧生活体验店"在上海正式开业。与以往门店不同，店内通过黑科技设备的部署，为用户营造特色炫酷的体验氛围，让消费者深度体验科技带来的乐趣，此外，店内利用高科技手段对于用户整个消费流程进行全方位监测和分析。

首先，通过WiFi探针、大屏互动游戏奖励等方式吸引场外客户进店；其次，客户进店后，通过人脸识别洞察用户身份和消费习惯，运用天猫精灵等机器人通过智能问答、关联推荐，探寻用户消费需求，并自助下单；再次，用户在等待的时候可以通过AR购物查询商品详情、查看在线评价，通过云货架对海量商品浏览和营销领券；最后，用户离店后，系统生成完整的顾客行为轨迹、门店热区分析、客户画像、销售分析等，推动人流数字化、门店数字化、商品数字化。

通过阿里"零售+"和联通的系统对接，基于"智慧门店"的一整套产品和技术体系，"中国联通智慧生活体验店"全面重构了品牌体系、营销渠道和场景服务，门店内植入了大量"新零售"的基因。目前，很多门店纷纷效仿，并以此为标杆蓝本进行复制推广。

因此，新零售为线下实体商业价值回归营造了良好的发展环境，信息消费品类不断边界扩延，智能联网硬件销售及融合化体验成为新趋势，而新型智能联网硬件产品更有可能成为未来渠道销售重点，扩品引商、丰富品类成为门店引客入店的重要抓手。

2.3　智能技术跨越式发展

新零售的最大优势在于借助智能技术的发展，达到降本增效的作用，因此新零售又被称为"智慧零售"。智能技术的发展是传统零售行业升级转型的重要推动力，目前市场中的技术流派主要分为三种：二维码技术、射频识别技术（Radio Frequency Identification，RFID）以及人工智能技术。

从功能上来区分，二维码技术主要应用于支付结算环节，大大减缩了支付流程的时间，优化了收银环节人工成本和结算效率；RFID标签识别技术主要用于为零售业提供业务运作数据的输入/输出、业务过程的控制与跟踪，以及减少出错率等，因此"RFID技术"对注重物流和库存管理的零售业的吸引力是相当大的，零售业巨头们对其也倾注了极大的热情。随着人工智能技术的不断突破，在实体零售领域应用愈加广泛，实体消费场景从引领到顾客进店、选购、体验、试品、支付、离店到售后服务等，每个过程都将全面数字化智能化。比如人脸识别、自动信息采集、VR互动、虚拟穿衣镜等技术的引入，都会极大地提高店铺的智能化水平。

沃尔玛一向以敢于应用新技术到其供应链和零售管理而著称。继20世纪80年代发射通信卫星用于数据交换和物流管理以及大力推行条码系统在商品上的应用后，这个全球第一零售巨头在2005年就"瞄"上了RFID技术——要求它的前100位供应商从2005年1月起开始在托盘和包装箱上使用RFID标签，并开发出基于RFID等技术功能完备的供销存系统及全球卫星定位系统，以实现零库存管理要求。

RFID标签的引入使沃尔玛的供应链效率进一步提升：之前核查一遍货架上的商品需要全部零售店面的工作人员耗费数小时，而现在只需30分钟就能完成。美国伯克利大学为沃尔玛所做的一个量化关系试验表明，通过使用RFID标签，货物短缺减少16%，这表明销售额增加了16%；而利用RFID标签的货物补货率比没有标签的货物补货率快3倍。零售行业分析师估算，沃尔玛通过采用RFID标签技术每年可以节省83.5亿美元。

目前，在新零售热潮下，无人客服、增强现实、语音识别、RFID价签、人脸识别互动等零售科技纷纷登场，大批新技术进入应用爆发期，前沿科技的应用为新零售开启了服务模式升级的空间。

3. 新零售的定义、特征及本质

3.1 新零售的定义

国内外众多专家、学者、企业家认为，新零售是依托网络、新兴技术，以消费者为中心，重塑价值链、产业链，重新配置资源，提供低成本、数据化、个性化、智能化体验的新业态。

新零售是零售的第三次革命，它以人为中心，以非现金支付、大数据、OMO、体验、智能、闭环物流、一公里配送等新元素、新技术为牵引手段，突破消费场所、消费时间的限制，实现线上线下、零售业与数字产业、商品与体验"三融合"，对人、货、场进行全面重构，以用户极致体验、提升企业价值为目的的零售的升级变革。

3.2 新零售的特征

新零售企业在科技手段应用，线上线下融合，成本控制等方面与传统企业相比有着明显的自身特征。

3.2.1 科技手段应用

互联网巨头在新零售构建过程中均大规模应用了各种科技手段。

比如Amazon Go通过视觉识别、人工智能、移动支付、图像识别新技术对人、货、场进行应用。

作为阿里"无人零售"概念店铺,"淘咖啡"借助生物特征自主感知和学习系统、结算意图识别和交易系统、目标检测与追踪系统三大体系化的技术解决方案,实现了无收银台、无现金支付、拿完即走等智能化消费场景,为消费者带来真正身临其境的极致购物体验。

京东之家以智能监控、电子价签、Take系统、刷脸支付、"流量漏斗"等为代表的、充满未来感的店内"黑科技"的注入,为门店个性化、场景化消费购物体验提供支撑保障。

京东-7FRESH通过四大类黑科技打造智慧门店,随时查看蔬果生产种植信息的智能魔镜,支持刷脸支付的自助结算机,自动跟随消费者的智能购物车,顶部静音送货"悬挂链",实现客户体验、门店运营效率双提升。

德国电信引入全套数字化新型设备,包括咨询机器人、VR眼镜、自动应答感应器,旨在为到店顾客营造全新互动式的客户体验。

日本软银采用云端AI的机器人推出第一家专门由机器配备的零售商店,探索智能化自动化导购,期望可达成现阶段以互动吸引客流、未来以智能降低成本的目的。

相比之下,传统线下企业销售数据的积累有限,既缺乏互联网基因,也缺乏变革的能力。近年来,线上的发展和变化速度远远快于线下,传统线下商超多年来演化缓慢,早已习惯了步步为营的节奏,线下企业虽有借助大数据等科技手段提升效率,但利用技术的深度和广度与线上巨头相比,远不是一个量级。

线下门店积极应用人工智能、生物识别、大数据等技术在货品陈列与周转、动线分析、智能营销与购物体验上带来的提效空间,如客流数据化推动货品管理,商品数据化指导库存共享与运营提效,客户数据化提供精准营销、现代金融等。

新型零售技术和设备，具备更强的交互、效率特征，线下门店通过引入先进技术和辅助设备升级店内硬件设施，在宣传展示、业务办理、销售体验、运营监控四个环节为客户提供更加便捷、高效的支撑服务。

3.2.2 线上线下融合

线上与线下企业各有优劣。线上电商拥有大数据优势，阿里巴巴和京东"双雄争霸"，在资本市场极具号召力，因此整合和调动资源的能力快速集中。

线下企业却是"群雄争霸"，并没有如此集中的市场份额拥有者，整合能力自然较弱。

尽管线上线下融合是新零售的重要特征，但要真正实现融合其实并不容易，和互联网企业合作其实对线下零售企业来说并不见得是好事，因为互联网企业拥有大数据，产生了另外一种数据垄断，合作过程中数据一定会跑到互联网企业那里。

而对于同时拥有线上线下资源的企业来说，同样存在线上线下融合的难题，一是线上的大流量难以导入到线下门店，二是线下体验带来的销量无法得到库存的快速响应与保障，线上线下深度协同面临瓶颈。

未来需要创新性地运用新技术手段，打通线上线下壁垒，实现优势互补、信息流通、无缝衔接、体验一致的闭环协同机制，进一步挖掘线下门店的价值，提升购物、服务体验。

3.2.3 总体成本控制

不论是互联网企业线上渠道，还是线下实体门店，在新零售转型过程中，纷纷尝试开拓新领域、应用新技术、营造新环境及形成新业态等，由此带来的成本也不断提高，不仅涉及资金成本，也对时间及人力成本的控制提出了挑战，如果成本控制不好，就难以提供物美价廉的商品。

从新零售的实现难度上看，互联网技术对线下门店的智能化改造会产生非常大的成本支出。线上的每一件商品、每一个交易，实际上都是在云上一个系统的交互过程、实时在线的交互体验；线下则不同，会有大量的离线操作，如POS机和整个结算的体系等数据同步需隔段时间，如要将这些大规模的线下门店变成一个在线的体系和系统，这是对于整个系统和架构的一个大挑战。

对供应链来说，线上零售规模迅猛扩张，依托的是其背后强大供应链管理体系的支撑，供应链管理效用直接决定零售业的运营效率。

因此，对大型零售商来说，削减成本和简化流程尤为重要。

3.3　新零售的本质

人、货、场构成了零售活动的三大基本要素。"人"顾名思义就是在消费活动中产生需求的消费群体，随着新零售的到来，消费群体从衣食住行向吃喝玩乐转变、从刚性向弹性转变。新零售时代，个性化、品质化、时尚化的消费需求成为生产驱动力，消费弹性强。企业需利用数字技术捕捉全面全域信息进行供需评估，提供需求导向的产品和服务定制化体验，智能化实现"千人千面"，打造全面用户画像、进行精准营销推荐。

"货"可以指在销售活动中销售的商品或服务，以国内三大运营商为例，运营商的主营收入来自售卖终端号卡或办理相应套餐业务，但整体来看，其产品体系过于分散，品牌虽全，但个性化、特色化不显著，品类优势弱，而新零售商业思维的出现要求运营商对于商品的种类进行数字化升级，衍生扩充出更多销售品类，完善产品布局，从而满足不同群体的定制化需求。

长期以来，任何阶段，零售活动的产生都离不开对"场"的使用，"场"即场景，受互联网用户增速放缓、网上零售额快速萎缩等诸多因素影响，用户快速增长带来的大规模流量红利的时代已经结束。为了改变现状，多家电商又纷纷着手线下店铺布局，利用VR技术、AR技术为用户打造数字化、体验化、场景化的新体验。

"人、货、场"的数字重构对实体零售商提出了更高的要求，新零售的本质就是以实体门店、电子商务、移动互联网为核心，通过融合线上和线下，实现商品、会员、交易、营销等数据的共融互通，向用户提供跨渠道、无缝化的消费体验。

3.3.1 客户数字化界定

对于人的数字化趋势主要是指对于用户的定位及管理，即基于用户的精准识别，从而对于目标群体进行精准推荐，从而激发其初次购买欲望，同时，对于用户已有的会员信息进行整合与加工，并达到二次营销的目的。

以往观念中，对于店内的目标群体进行精准定位是一件流程复杂且耗时很久的事情，而且往往结果差强人意，如今在新零售的助推下，对于用户群体的精确识别已经成为一种势在必行的趋势。通常在目标群体识别中会运用到生动的用户画像、OMO融合推荐等方式。

以小米之家、京东之家为代表的新零售企业在入口处安装人脸识别摄像头，通过自动扫描并记录消费者的面部特征，快速识别客户信息，并将用户在购买、浏览及讨论等环节留下的行为轨迹信息作为优先参考对象，力求精准识别客户需求和适配业务。

为了提升客户的满意度，通过借助完善的大数据精准营销系统，全面抓取用户数据，对于用户群体有清晰的认知，从而以"知客户之所知、想客户之所想，走在客户之前理解客户需求"的理念去服务客户。

通过先进刷脸技术，超级物种店能够自动识别到场消费的非会员客户，并通过微信窗口推送会员办理信息、简化办理流程，将会员卡与一键支付、消费历史及明细查询相关联，培养用户用卡习惯、提高客户用卡频率的同时，实现从多渠道获取用户信息，实现长期共赢、会员增值。

3.3.2 货物数字化标注

对于货物的数字化管理趋势，核新理念是基于"三通"原则而提出的，即线上商品与线下商品要保持同样价位、商品的库存要打通、线上与线下的促销手段要打通。通过行业跨界融合，孵化出线下化产品新品类、新组合。

比如苏宁的线上线下同品同价，打造电渠与实渠营销闭环体验。苏宁主要采用三个步骤，首先，苏宁实体店员为客户推荐苏宁易购线上促销活动，客户通过实体门店获得线上促销信息。其次，苏宁线上门店均提供LBS定位及签到赠积分，一方面可丰富客户体验，另一方面为双计（双重计算）提供数据基础。最后，用户可在实体店通过扫描二维码进行下单。苏宁不将实体渠道带来的房租、人工等额外成本转嫁到产品价格上，塑造一致的品牌形象。

比如华为立足ICT技术基础丰富产品业态。华为基于其强大的ICT能力，开发出智能手机、笔记本和平板、智能穿戴设备、智能家居、移动宽带、配件等一系列产品，而这些产品都可以通过实体渠道很好地承载，让实体渠道成为华为系列产品"一站式"体验渠道，既丰富了产品品类、增强了体验乐趣，也覆盖了更广阔的用户需求、拓宽了门店收入来源。

京东之家的每款商品配备水墨屏电子价签，扫描价签上的二维码，可了解与线上实时同步的价格变化或其他更多信息并支持一键下单。

3.3.3　线上线下深度融合

"场的数字化"趋势意在通过数字化技术打通实体与虚拟的各个环节，从而实现线下与线上深度融合的终极目标。"场的数字化"趋势主要涉及智能化的供应链及物流管理，这种数字化的趋势将为用户提供线上下单线下取货 、线上购买线下取货的便捷化服务。场的数字化趋势在AR、VR技术推动下，将消费场景无处不在。

比如沃尔玛通过"实体店+自提"模式，重塑实体店，在实施"新零售"战略的道路上，沃尔玛通过移动端的技术应用，实现了线上线下的双向协同发展，提高了用户与实体店互动的体验、服务和营销，推行了全渠道商务模式，即支持"在线购买—线下提货"和"在线下单—实体店发货"，帮助实体零售更好地整合门店与电商渠道。

4. 新零售企业的典型策略及模式

传统零售企业、新兴创业公司、互联网大佬在新零售的转型过程中采取的典型策略和模式各有千秋。

4.1 互联网公司

目前互联网电商巨头开始面临消费者数量增速放缓，客流量出现瓶颈，目前线上整体零售销售量仅占整体社会零售总额的15%，线下零售依然是主战场，所以，无论是巨头还是中小零售企业都在纷纷布局线下。

各巨头的布局策略主要分三种：第一种是利用线下自有的项目试水新零售；第二种是通过与线上一些电商的头部玩家结盟，共同获利；第三种是通过入股的方式进行资源的积累。

在不远的将来，新零售战场不仅仅只是巨头与巨头之间的直接对垒，而是线上线下，跨行业等纵横联合的激烈战争。

4.2 传统零售企业

传统零售企业急需在思维转变和能力提升方面做出努力，包括供应链管理、商业模式创新等方面的认识。

从观念上来分析，传统零售业更看重人找货的逻辑，从产品要利润；但是现在的最新趋势是以用户为中心，注重线上线下全渠道，提升供应链管理的效率/物流以及营销运营，向供应链要利润和效率。这意味着团队的思维和能力都需要有所转型和提升。

相比互联网巨头和新兴的创业企业，传统零售变革的速度较慢，目前也只有少数实力非常雄厚的传统零售企业（比如苏宁）完成了数据采集、智能物流等方向的转型升级，其他大多数都还处在盲目的阶段。

4.3 新兴创业企业

新兴创业公司大多是从垂直细分领域入手，比如无人便利店、无人货架、自动售货机等，但本身新零售模式仍然处在验证中，可借鉴的成功案例较少。同时，由于资本的大力推动，竞争壁垒不高，想要脱颖而出，还是需要技术、创新方面的带动。

零售是效率和产品的结合。如果希望突出效率的提升，需要做到规模和相匹配的管理能力，规模的快速扩张需要大量资本的助推。若初创团队缺乏以上条件，还可以选择产品创新，依靠现有各类渠道，打造忠实顾客群。比如周黑鸭、来伊份、全棉时代，只要在某个产品领域当中，打造出一个独特的产品，就能够满足消费者的需求。

而垂直领域新模式需要不断进化、提升，才能满足消费者不断提升的要求，否则很容易在跑马圈地的过程中掉队。

4.4 新零售的发展历程

4.4.1 1999年美国Webvan

美国Webvan公司创办于1996年，是一家概念非常超前的生鲜果蔬公司，于1999年率先提出O2O（从线上到线下）的经营模式，向资本市场公开募股，成功引起资本市场的兴奋，给予的估值高达85亿美元，当时Webvan是一家被资本市场非常看好、极有机会颠覆世界运作模式的明星企业。

Webvan实现O2O的做法是重金打造一座超大型仓库，以及开发数据化的系统提高准确率，并且建立了一批庞大的配送队伍确保配送时效。直到2001年，才经营两年的Webvan就烧掉了12亿美金，这在当时是非常大的成本支出，由于入不敷出而停止运作，2001年7月，Webvan宣告破产。

如果把它的订单数和消耗的资金做一个对比，可以发现，Webvan每接受一笔订单，消耗的资金是130美元，Webvan的"O2O创举"在美国硅谷圈被冠以"灾难级"的经典失败案例，Webvan的破产导致很长一段时间所有的VC都不敢踏入这个行业，直到2011年才又有VC开始进入。这就是为什么美国生鲜行业O2O在20年前就开始了，现在却落后于中国。

4.4.2 2002年英国Ocado

Ocado是英国最大的B2C电商平台，也是全球最大的纯线上食品杂货零售商。公司成立于2000年，总部设在英国赫特福德郡的哈特菲尔德，除了售卖生鲜之外，也卖其他食品、玩具、医药和家居用品等商品。旗下品牌有Ocado线上商城、Ocado智能平台、Sizzle厨房用品网站和Fetch宠物用品网站。2002年1月，公司在哈特菲尔德建立了第一个物流仓储中心，开始正式运营。2010年时，其配送服务已覆盖至70%的英国家庭。公司凭借优质高效的冷链物流技术，形成了一套独特的线上零售运营模式，由供应商发货到由Ocado建立的两座大型物流中心CFC(Customer Fulfillment Centre)，以减少干线物流的调配成本，再根据订单进行分拣至全国各地的16个前置仓(spoke sites)建立辐射式、全区域配送覆盖。

后端的优化虽然让物流成本降下来许多，提高了配送效率，但是依然持续亏损长达10年之久。归纳主要的原因，是在于订单的单价和利润率过低，导致物流成本与配送成本过高。

直到2013年，Ocado凭借着物流配送的优势，与英国第四大食品零售商Morrisons公司签订长达25年的技术服务协议，并且共享配送体系、共摊物流成本，才在2014年开始转亏为盈。

2014年1月，Morrisons.com正式上线，基于CFC2提供的物流管理体系开展运营，在成立后的12个月内就实现了2亿英镑的销售额，创全球线上杂货零售商业绩最快成长纪录，显示出了公司平台和品牌零售商合作的有效性。

4.4.3 2012年美国Groupon

Groupon最早成立于2008年11月，以网友团购为经营卖点，是网上团购这一模式的创立者，是全球最大的团购网站。其独特之处在于：每天只推一款折扣产品、每人每天限拍一次、折扣品一定是服务类型的、服务有地域性、线下销售团队规模远超线上团队。

Groupon以整合商家、邀请用户参与限时拼团优惠的模式，造成每个月以200万的用户数激增，Groupon还宣称每年可替消费者节省10亿美元。这一系列的"漂亮数据"，再加上新闻曝光的高价收购金额（拒绝Google开出的60亿美元的收购条件），让很多人觉得Groupon的经营模式是被市场鉴定为成功的O2O模式。

2011年3月腾讯和美国Groupon各出资5000万美元成立高朋网。在经过千团大战、腾讯电商全面转型、微信商业化兴起等发展阶段后，高朋网从创立之初的团购业务公司发展成为微信商业化项目孵化平台、腾讯生态布局早期投资平台、团购模式整合优化新电商平台三条业务线齐头并进的多元化的科技公司。公司于2017年初资产重组，腾讯成为高朋网单一最大股东。

4.4.4 2013年千团大战

自2010年初我国第一家团购网站上线，高峰期我国团购网站的数量超过

5000家，团购几乎已成为互联网公司的标配功能。为争夺国内的团购市场，各家团购网站变相竞争，开始了一轮又一轮的融资比赛，广告战、拉锯战、阵地战等铺天盖地的广告融入到各大民众的日常生活当中。

最终，美团赢得了"千团大战"，并且还赢得了团购市场60%的市场份额，成为了赢家通吃的互联网经典案例。美团（2015年10月，和大众点评合并为美团点评，2017年收购百度外卖）已经成为了拥有3.2亿人活跃用户，500万个商家的大平台，涉及团购、外卖、酒店、旅行、电影、打车等多种业务。美团与饿了么成为中国外卖团购市场的双雄。

2018年4月2日，阿里巴巴集团、蚂蚁金服集团与饿了么联合宣布，阿里巴巴已经签订收购协议，将联合蚂蚁金服以95亿美元对饿了么完成全资收购。

4.4.5 遍地开花，双马争霸

新零售概念起源于阿里巴巴，是马云2016年10月在云栖大会上提出，为零售业发展注入新的发展理念，提出"五新战略"，即新零售、新制造、新金融、新技术、新能源。

新零售指的是，线上线下和物流必须结合在一起，线下的企业必须走到线上去，线上的企业必须走到线下来，线上线下加上现代物流合在一起，才能真正创造出新的零售企业。

新制造指的是，所有的制造行业，由于零售行业发生变化，原来的B2C的制造模式将会彻底走向C2B的改造，也就是说按需定制。

新金融指的是，改变金融过去主要服务工业化时代大企业的特征，转而为中小企业、年轻人、消费者等群体服务，通过构建信用体系，提供公平、透明、开放的普惠金融。

新技术指的是，原来以PC为主的芯片将会是移动芯片，操作系统是移动的操作系统，原来的机器制造将会变成人工智能，原来机器吃的是电，未来机器吃的是数据。未来层出不穷基于互联网、基于大数据技术的诞生，为人类创造了无数的想象和空间。

新能源指的是，未来的技术发展基于新能源，那就是数据。

相关领域的行业巨头也纷纷提出对新零售的理解，并加速布局相关领域。

● 互联网企业

以阿里、京东、唯品会为代表的互联网企业，通过直营、加盟、投资等形式加速线下布局，已完成多种形态门店的布局。

阿里巴巴抢占稀缺实体渠道，资本纽带深度绑定，打造新零售样板对外开放智能系统，投资入股布局进行智能化改造。

京东"无界零售"战略，终极目标在于知人、知货、知场，打破传统零售空间、品类、供应链上的组织形式，重构成本、效率、体验，向零售基础设施服务商转变，积极开设线下店布局前置仓。

唯品会以"高端+便利"为定位，主营生鲜兼顾日用优质商品，采用线上+线下O2O模式。

● 传统零售巨头

以苏宁、国美、万达、寺库等为代表的传统零售巨头在新零售方面的布局步伐参差不齐，苏宁以通过直营、加盟的形式大规模布局线下门店，扩张速度较快；国美、万达、寺库等还处于战略发布阶段。

苏宁"智慧零售"战略，结合数据、金融、物流系统，全方位布局，通过"租建并购联"商业大开发模式，构建"云店+苏宁无人店+4000家线下门店+智慧零售机器人"新零售布局。

● 终端厂商

以小米、联想、华为、OPPO为代表的终端公司在新零售方面的在门店升级方式上各有不同，小米、联想通过自建、直营、加盟的方式，华为通过现有门店升级的方式，OPPO则通过打造超级旗舰店的方式。

● 双马争霸

新零售战略提出之后，阿里巴巴零售部分布局明显加速；腾讯也成立了专门的智慧零售部门，并且把京东、永辉作为了两大抓手。

从横向来看，现有的格局阿里和腾讯都是在多领域全线展开的。如图4-1所示。

第一是创新型的生鲜超市。生鲜领域受电商的冲击较小，成本结构里物流成本占比高，所以在客单比较低的情况下，很难支撑高成本，这给线下实体零售做生鲜提供了一个生存契机。永辉超市、盒马鲜生、超级物种、大润发优鲜等，这些业态一方面更注重线上，另外一个特点是生鲜比例非常高。盒马鲜生探索出了店仓一体化线上线下结合的新型模式；超级物种则依靠"生鲜+餐饮"的模式，同时借助永辉超市强大的生鲜供应链优势，成为盒马鲜生的强大对手。

第二是B2B领域，像京东、阿里巴巴都提出"百万小店"计划。它的本质是利用大数据平台系统和数据来给小店赋能。

第三是体验式的专业连锁，目前苏宁、京东、小米都已经入局，体验式的专业连锁还是以家电类企业为主，不以售卖商品为主要目的，而是通过增强用户体验，提升品牌认同感，引流至线上渠道。

第四是炙手可热的无人零售业，阿里巴巴的无人值守便利店、京东的无人超市均已经有部分试点，同时业界也出现了非常多的业态。

从纵向来看，"阿里巴巴系"和"腾讯系"的扩张思路存在比较明显的差异。如图4-2所示。

图4-1　阿里巴巴和腾讯横向扩张思路　　图4-2　阿里巴巴和腾讯纵向扩张思路比较

阿里巴巴更多还是依靠自身的核心能力，一方面进行零售资源的积累，另一方面在各种模式、各个业态都以自营形式进行尝试，阿里巴巴注重对合作伙伴的掌控，它本身的零售资源、供应链资源也很丰富。阿里巴巴希望自己成为生态圈的核心，通过做大平台来支撑无数个小前端、通过多元的生态体系赋予企业能量。在这个前端布局上，阿里巴巴已经覆盖了电商、金融、企业服务、流量分发、O2O、娱乐等各个互联网场景。

阿里巴巴通过不断兼并收购，短时间内完善了新零售版图，形成了八路纵队的战略布局，并搭建了以淘宝网和天猫商城为新零售基座，拓展阿里云、菜鸟物流、蚂蚁金服为新商业基础的新零售全链条体系。

腾讯依靠QQ和微信两大入口做大做强，其业务更为多元化，战略上显示出去中心化的特征，通过零售商强大的触角，为自己的流量进行一个变现跟质量的提升，强调自己要做生态圈的地基，选择更有效率的企业进行合作，而非直接参与竞争，给予相关企业所需要的资源，以赋能连接起所有场景。

腾讯系的京东则在2017年7月提出"无界零售"概念，进行了新通路百万便利店计划以及无人零售的一些布局。同时腾讯系的美团、每日优鲜等其他力量也在特定细分领域加入新零售战局。而腾讯入股永辉标志着腾讯正式走到新零售前台。

京东通过人、货、场三个维度，提出人企无界、货物无界和场景无界新定义，强调贯穿场景联通、数据贯通和价值互通三条主线，创造"无界零售"新战略。如图4-3所示。

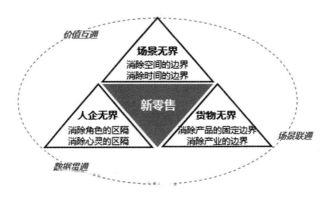

图4-3 "无界零售"战略

5. 重新定义门店：智慧化

　　智慧门店是一种智慧化、互联网化的新型门店，在传统的产品基础上，为客户提供更加丰富的数字化软硬件产品，并提供场景化、生活化的体验环境，精准化的产品推荐，支持便捷化的支付方式、多元化的物流配送，涵盖全部渠道触点、全部购物流程，全方位提升客户感知。

　　打造智慧门店目的在于客户体验升级，立足于提升多品类、全触点、全流程的购物体验。关键在于系统设备升级，基于大数据分析、二维码支付、轻量化的业务办理系统，以及人员能力升级，随着标准化业务办理向自助设备迁移，营业人员向体验式销售转型。

　　智慧门店的特征可以概括为"潮、智、轻、准"。

　　潮主要指销售产品潮品化、业务体验娱乐化、炒店活动互动化。

　　智主要指业务体验智能化、业务办理无纸化、支付非现金化、物流派送多样化。

　　准主要指用户画像精确化、促销推送精准化。

　　轻主要指业务办理自助化、营销办理走动化。

　　零售业发展至今，大致上分为四个阶段，从经营商品到经营顾客，从经营平台到新零售。从个体店铺到连锁型"超级市场"，从纯粹移动端购物到线上与线下结合。

　　零售1.0时期的主要形态是大集市，自由组织卖场，其经营重心是通过开设各种类型的独立店铺满足顾客的需求，帮助顾客找到心仪的商品。

随着零售体系专业化提升及深入演变，零售2.0时期，以711、家乐福、沃尔玛为代表的一大批连锁组织涌现，这些企业的共同点是利用全方位撒网，在目标市场，用标准化、规则化商业模式经营门店，并以此为蓝本，大面积复制推广，开设多家便利店、大卖场，用商品来定位客户、服务客户。这种理念在当时塑造了一大批成功企业，并形成了强有力的全球零售体系。

然而，随着电子商务的引入，电商巨头全面渗透，对实体零售商造成重创，线下销售进入瓶颈期，门店成本的大幅提升，客流量全面下滑，线下销售形势不容乐观。而线上零售却有着得天独厚的优势，其低成本、高收益的经营模式使得消费者在购买同类商品时，线上消费可节省至少30%，在当时，以亚马逊、ebay为代表的多家电商平台纷纷快速抢占商机，形成了零售的新生态，即零售3.0时期。

如今的零售4.0时期颠覆了以往的零售思维，不再是单一性地提供商品，满足客户需求，而是在零售场景中运用先进的AI、VR、大数据技术，对商品的生产、流通与销售过程进行升级改造，建立顾客与商品的直接联系，进而重塑业态结构与生态圈，并对线上服务、线下体验以及现代物流进行深度融合的零售新模式。

6. 盒马鲜生：
线上到线下超级样板

　　阿里巴巴是"阿里系"零售企业业务重构的主角，对改造方法论、内容方向等有较大的话语权，并且这些内部公司会进一步进行数据、资源等共享并由阿里进行统筹管理，形成一个以阿里为中心的体系，在这其中，盒马鲜生扮演了最重要的样板角色，图6-1即为盒马鲜生会员实体店。

　　盒马鲜生作为融合"生鲜食品超市+电商+餐饮+物流配送"的新零售综合体，通过数据驱动，完成线上、线下与现代物流技术完全融合，面向"80后""90后"白领阶层主打高效、品质、服务。作为阿里巴巴在新零售领域探索了两年的项目，盒马鲜生不仅是阿里巴巴的新零售主阵地之一，也是国内新零售业态中第一个实现规模化盈利的新零售标杆。

　　盒马的整体布局都是围绕餐饮来展开的，主打3公里范围内人群的餐桌经济，其最终目的始终都是送货上门，目前部分门店线上占比也已经达到70%。将送货上门变成消费者的依赖性消费习惯，实现从食材源头到餐桌的"一站式"交付。通过全渠道营销、场景化体验、智能物流不断提高运营效率。

　　从阿里巴巴总体战略角度把盒马作为新零售先锋，形成方法论，推广到新零售体系内的各个模块，由盒马提供数据驱动的流转体系，合作商负责日常管理。

图6-1 盒马鲜生会员实体店

6.1 大数据选址

盒马鲜生能获得如此大的成功，不仅靠其独特的新型营销模式，而且也与其精准定位选址密切相关。

阿里巴巴在全国有超过14亿热点，是全球领先的全域数据服务商，它能收集到超7亿用户的全域数据，不仅仅是线上行为的数据，同时也包括了线下行为，如线下购物通过支付宝支付而留下的数据等。阿里拥有强大的数据计算和处理能力，以及深入垂直领域和业务场景的大数据产品体系，这些数据包括了选址所必需的四个信息层面：顾客消费生活偏好需求等详细画像信息、顾客年龄性别等基础人口信息、商圈交通设施及竞争对手数量等信息、地理位置基本信息，通过这四个层面数据的贯穿打通，提供选址所需的多维度的信息判断和分析。

截至2018年4月1日，盒马鲜生已在全国9个城市开设37家门店，2016年新开12家，2017年新开13~25家，2018年至今新开12家共37家。其中，上海16家，北京8家，深圳3家，苏州3家，杭州2家，宁波2家，福州、成都和贵阳各1家。

盒马鲜生选址目前以沿海一线、二线城市居多，少数内陆城市，他们的选址方法是，打开支付宝，方圆3公里内支付宝客户最多的那个中心，就是其开店的地址。当2000个盒马鲜生店铺建立起来时，就不仅仅是一家店铺了，更是一张网，一张覆盖全国最大的分布式物流网络，那些最高频、最生鲜、最非标的产品就布局在每一个盒马鲜生的店里。每一家店都是一个仓库，一个配送中心，实现仓店一体化，打造一个商业30分钟配送的网络。

6.2 科技化、智能化形象塑造

学习宜家的动线设计，取其精华。除了促销和宣传以外还会把情怀结合在里面。去除刻意手法，在保留盒马一贯以来的科技感的同时，融入了温度感以及现代创新装饰元素，赋予空间自由的艺术情怀，自然的享受空间。

盒马鲜生在设计过程中采用了大量黑色工业风作为设计铺陈，与生鲜业态结合。黑色作为百搭色，犹如"黑洞"一样似乎可以容纳一切，特别适合丰富多彩的生鲜区。如图6-3所示。

当五颜六色的蔬菜水果与黑色工业风货架进行撞色，安静与灵动相互配合，黑色则以低调的姿态主宰着整个色彩世界。

盒马鲜生百货区，黑色钢结构货架与或白或黑的蕾丝钢网相得益彰，诠释着安全、时尚与大气。

盒马鲜生最吸引眼球的就是顶部

图6-2　配送轮滑区

的配送轮滑区，这一区域和整个市场工业风的打造不谋而合，彰显出工业时代的科技魅力，也将整个场景的工业风展现得淋漓尽致。如图6-2所示。

图6-3　盒马生鲜区

6.3　功能分区布局

盒马鲜生集"生鲜超市+餐饮体验+线上业务仓储"三大功能为一体，业务模式是"电商+线下超市、餐饮"的结合体。其内部称之为"一店二仓五个中心"，即一个门店，前端为消费区，后端为仓储配送区，五个中心分别是超市中心、餐饮中心、物流中心、体验中心以及粉丝运营中心。实行线上线下一体化运营，线下重体验，线上重交易，围绕门店3公里范围，构建起30分钟送达的冷链物流配送体系。盒马鲜生就是致力于以"吃"为核心，为用户打造完美购物体验，真正做到了它所提倡的"新鲜每一刻，所想即所得，让吃变成一种娱乐，一站式购齐"的理念。

盒马鲜生通过丰富购物场景，在线下门店通常的消费功能之外，增加了餐饮、物流、体验、粉丝运营等功能，将盒马打造成一个强大的复合功能体。

横向业态融合延展购物场景，充分结合体验式经济和"所想即所得"，在超市形态中引入餐饮，消费者可在任何柜台结账后边吃边逛，如图6-4所示。生熟联动，用户购买后可以选择加工方式，稍作等待后即可吃到生猛海鲜；熟生联动，盒马店内成品的所有原料——包括肉料、酱汁、调料，都可以在店内买到。

图6-4　盒马鲜生内的餐饮区

纵向构建情景化餐饮场景，中餐吧、海鲜吧满足正餐的需要；即食蔬果区满足减肥人士的需要；果汁、茶饮区是下午茶最好的选择。开辟海鲜加工区域、提供线下堂食、体验厨房，3D互动区等。

6.4　高品质商品及服务

盒马鲜生的商品类别涵盖肉类、水产、水果、蔬菜、冷冻冷藏、南北干货、粮油、烘焙、熟食、休闲食品、百货等，共超过有3千多个商品，来自103个国家，其中80%是食品，生鲜商品数量占比20%。

盒马鲜生的生鲜商品全部都是包装后销售，仅有少量海鲜商品（比如生蚝、帝王蟹之类）是以个为单位销售，所以卖场没有称重台，购物过程更快捷。包装生鲜和散卖相比，会多出包装成本和人力成本，但不能挑选所以耗损会降低。

商品特点是"高端商品"多,"大众商品"全,帝王蟹、澳洲龙虾、鲍鱼、三文鱼等放在显眼位置,盒马鲜生的高端商品价格比较有竞争力。高端商品之外,大众消费生鲜商品也齐全丰富,价格也走精品菜路线,定价比较高。如图6-5、图6-6所示。

图6-5 帝王蟹

图6-6 澳洲龙虾

6.5 商品展示陈列

通常传统超市出入口固定而单一,对顾客有明显的路线指引,生鲜等购买频次高或受欢迎的商品布局在超市后方，而将电器、促销商品或其他冷门商品放置在靠近入口处，传统超市的逻辑是通过这种方式增加顾客逗留时间、关注冷门商品，通过高频低毛利的生鲜带动低频高毛利的服装电器的销售。

而盒马鲜生的水产、海鲜通常放在主要入口位置，以大龙虾、帝王蟹等给用户强视觉冲击，能吸引客户进店，同时树立具有档次感的第一印象。此外盒马通常有多个出入口，消费者行动自由，真正体现以用户为中心。生鲜入口即见、超市布局动线都能极大地提升消费者体验感。如图6-7所示。

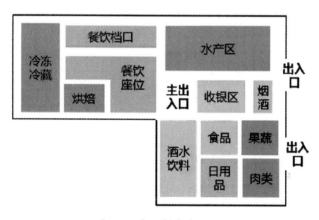

图6-7　盒马鲜生出入位置

6.6　全天候服务

上海和北京的25家盒马门店全部实现"24小时服务"，在晚间22：00至次日早7：00门店闭店时，消费者依然可以使用盒马APP下单，并享受最快30分钟送达的配送到家服务。24小时配送服务，是盒马首店开业两年多以来的又一次模式创新，也让盒马成为全球首个实现24小时配送的商业业态。这意味着，无论是半夜12点的小龙虾，还是凌晨4点的退热贴，"盒马"都能快速配送到"盒区"用户家中。

在提供相同的"7x24小时"服务中，盒马相对于24小时营业的便利店，具有两大优势，其一，盒马的产品SKU数要大于便利店，消费者可选择的余地比较大，产品的丰富度超过了普通的便利店。其二，盒马提供的是配送服务，可以24小时送货到家，这和便利店24小时营业的概念还不同，毕竟便利店你还需要下楼去购买，这对于一些宅人来说，是很痛苦的一件事情。而相对于电商来说，虽然在产品数量上面，相去甚远，但是电商的配送效率即使同城，晚上的订单，一定是要到第二天才会处理的，因此，盒马的"7x24小时"配送服务，极大地提升了配送效率，同时，也提升了消费者的体验，就这一点来说，电商是完全无法相比的。

6.7 精准化客户画像

盒马的目标群体是"80后""90后"中高端年轻群体，从得到的年龄层数据来看，盒马鲜生35岁以下客群占比64%，而家乐福仅49%，盒马鲜生客户群体明显更年轻化。"80后""90后"年轻人群体相对而言比"60后""70后"更关注品质，时间敏感度高而价格敏感度相对较低。

从用户属性角度看，盒马鲜生的目标用户是 25~35 岁的围绕家庭的互联网用户，集中在女性。

男性用户在线上线下融合的采购场景中热情较高。现阶段在线下门店使用盒马APP购物消费的人群较多，而在线下围绕家庭场景消费时，还是多以男性用户主导埋单行为。

有一定经济基础的"80后""90后"仍然是主要的消费群体。

从消费能力看，中高端消费者占比较高，这与盒马鲜生的消费群体定位不谋而合。

6.8 专业化运营

6.8.1 线上线下强协同

盒马鲜生的线上线下业务高度融合。线上、线下所售商品完全是同一商品、同一品质和同一价格，线上提供快速的物流配送服务，线下增强消费者的场景体验感，双线协同作战、完美配合。

主要支付方式为下载盒马APP后采用支付宝付账，现金付款渠道极少，移动支付为日后更精准的营销奠定基础。根据草根调研显示，各家店线上、线下销售占比有所差异，但未来盒马线上占比逐步提升是一个大趋势。据公开数据，上海盒马鲜生部分店面的线上销售占比已超过50%。

6.8.2　全渠道营销

盒马鲜生全渠道营销，线上线下引流。通过线上线下的融合，实现了商品、价格、营销、会员、库存的五个统一，从而促进线上线下的相互引流，带来单位坪效、人均效率及供应链效率的同步提升。

在售前通过APP线上宣传门店最新信息及购物促销活动，为线下门店引流，线下门店体验增强消费者对产品的信心，促进消费者在APP上二次消费。

图6-8　盒马鲜生门店

在销售过程中，购买方式除了线上、线下单独购买，还可实现Online、Offline智能拼单，共同配送等。支付方式方面提供人工通道+自助结账机，鼓励支付宝结账，如图6-9所示。

图6-9 盒马鲜生收银台

售后服务中，消费者如对产品不满意，只需在APP端点击退货，此前已付款项即可通过支付宝返还消费者账户。

6.8.3 智能物流

盒马鲜生运用智能物流算法系统，配合电子标签、悬挂链系统等自动化设备，实现配送全链路数字化，提升从用户下单、拣货、打包、配送任务全过程效率，从而为消费者带来极致高速的消费体验，向周边地区延伸线下门店的触点，如图6-10所示。

图6-10 盒马鲜生智能物流算法系统

6.8.4 经营方式转变

盒马鲜生谋求经营方式的转变，完成了从前台到后台到APP、基于新零售的一体化信息系统开发，在真正意义上实现了整个零售的全面数字化管理。这个系统是一个新零售的解决方案，盒马鲜生会赋能给所有的中小零售企业，共同推进中国零售业向新零售的转型，全面提升零售业的经营能力。

既要用技术手段提高员工的工作效率，也要通过一定的薪酬制度激发员工的积极性。一方面，盒马鲜生利用自己开发的自动化系统和自动调度系统分配不同的人在不同时间做不同的岗位工作，提供用工效率；另一方面，每个岗位都有基本薪酬，只要员工愿意干或完成了相应的工作，就可以增加收入。

盒马模式用新的互联网思维及技术手段，构建新的营销体系。会员制、支付宝支付，实现顾客全注册，有效解决了所有顾客的数字化、在线化；APP营销，与顾客保持连接与互动，盒马的新营销模式，通过会员制，以在线化的手机移动APP手段，与目标顾客保持实时在线，在实时链接的环境下，使营销变得非常高效；微信群、公众号、直播营销，增强顾客黏性，盒马的每一个门店都建立了若干个微信群，每个群主题明确，就是围绕盒马的吃的概念，专职人员维护，群的活跃程度非常好，每天的聊天记录达到几百条以上。盒马的公众号具有非常好的品牌推广价值，具有二次传播效果。不定时的直播方式，更会增强传播效果。

6.9 黑科技应用

阿里集团运营淘宝、天猫多年，在大数据和用户体系方面有深厚技术积累，天猫超市一个用户能做到180多个数据标签，对用户画像进行精准构建。传统超市虽然也有收银机能采集到一定数据，但是一方面传统超市收银机的数据维度有限，另一方面这部分数据也相对独立难以提取和统筹分析。在阿里大数据基因的熏陶下，盒马鲜生在大数据技术的应用上可谓得心应手。

在数据赋能的应用上，通过线上服务和线下支付获取的用户大数据未来应用场景丰富，包括精准营销、商品结构调整和选址布局。通过线上和门店收集到的大数据可以对用户做到精准定位，能进一步进行针对性营销。对于流失用户定期监控，采取推送、送消费券等方式挽留用户，跟重新获客相比这种方式留住客户的成本相对较低。在商品结构设置上，也可以通过用户受欢迎程度、用户价格敏感度等大数据信息来进行调整。未来在门店选址布局方面也是大数据运用的一个重点，不仅需要企业和门店内部的大数据，还需要外部数据对备选门店周边客群特征，以及所在购物中心人流量、密集度等进行详细分析。

盒马鲜生依靠阿里巴巴的核心算法体系，智能算法已经渗透到了盒马选品采购、销售、最后物流履约的全流程当中。

盒马的门店和物流体系都使用了智能设备如电子价签、自助收银、悬挂链、智能分拨等。智能设备通过识别芯片和条码，让商品在线上线下高效流转。在生鲜商品包装上，盒马采用了"贴体技术"。该技术由"贴体膜和真空抽取技术"组成，"贴体技术"改变了长时间保存食品需要冷冻的情况，可以帮助菜品在0℃~4℃的冰鲜状态下拥有10~14天的食物保质期。贴体包装的食品无须打孔，无须撕膜，可以直接放进微波炉，2~3分钟高火加热。在加热过程中，食物会产生水蒸气，使膜鼓胀起来，形成"天然蒸汽"效果，令菜品保有充足水分。之后撕去贴体膜即可享用菜品，如图6-11所示。

图6-11 盒马鲜生"贴体技术"

另外，盒马鲜生应用了大量的大数据、物联网技术。盒马鲜生上海嘉定南翔店是全国首个机器人自动化餐厅，用机器人炒菜，更像是一个自动化设备展厅。消费者只需要挑选座位，扫描桌子上的二维码进行点餐，点餐下单之后，仓库会根据点餐菜单进行配菜，依照流程顺序送入智能烹饪仓内，一切都是系统化的操作流程，一方面可以最大限度地保证食材的新鲜度，另一方面也能够缩短客人等待的时间，并且全数字化模式也让时间更加可控。

7. 小米之家：
坪效全球第二的超级网红

2016年下半年，小米之家开始在一线、二线城市的核心商圈发力，基于流量、客单价、转化和复购率进行创新，创造惊人坪效（年均坪效27万，仅次于苹果）。

2017年，小米之家围绕公司"新零售"战略，逐步明确了三大定位：联动线上，为用户提供沉浸式体验、差异化服务，提供展示、体验、购买等服务，营造浸入式的体验环境，让消费者深度体验科技乐趣；品牌传递，打造新的品牌营销价值点，补充小米线下品牌展示的缺失，提高消费者对小米品牌的认知，满足线下购物消费需求；米粉的家，传递小米与用户交朋友的企业文化，打造智能家庭场景引导消费者体验未来智能家庭生活。

7.1 大数据选址

过去几年，小米之家尝试过在热门商圈、城市地标、机场等各种选址安家，不论哪种尝试，其目的都是为了接触并转化更多"流量"。而在拥有顶级流量的热门商圈安家，似乎是个不会犯错的选择。目前的小米之家，主要选在一线、二线城市核心商圈的购物中心，优先和知名地产商合作，主要开设在城市核心商圈的中高端商场。以京沪为例，北京地区的19家门店已经覆盖了国贸、中关村、崇文门等热门商圈，上海的13家小米之家则覆盖了中山公园、世博源、徐家汇、五角场等核心商圈，且入驻的皆是大悦城、百联、龙之梦等知名商场。

小米之家在选址时，米粉自然是其需要考虑的重要服务对象。小米之家在选址时会根据已有的MIUI用户和MIOT物联网设备等大数据，通过定位米粉聚集的区域进行优先开店。

从小米用户地理分布图表上可以看出，"米粉们"主要集中在北京、上海、广州、深圳等大型城市，其中尤以京沪居多。而从小米之家城市门店数量榜单来看，其城市门店数量基本与所在地米粉数量大体对应。

7.2　形象打造

小米之家的设计风格注重工业科技风与生活家居的有机结合。小米之家设计风格基本效仿苹果，是白色内饰与实木质展示台的组合，突出工业科技风与生活家居的整体结合，厅店幕墙倾向于多玻璃设计，使得店面光线足够通透，从外面也能看到里面的摆设和人流，给顾客很好的视觉体验和购物体验，如图7-1~图7-3所示。

图7-1　简洁化门头

小米之家厅店布局完全模仿苹果的厅店装修和功能分区风格，依照功能区划分设置不同客户动线两大功能（销售和服务），开放式空间和超大的体验中导，尽可能增加与陈列产品的触点，整体风格简洁色调，强调浓浓的科技范儿。

图7-2　场景化陈列

图7-3　玻璃化设计

7.3　功能分区布局

图7-4为小米之家门店分区布局平面图：

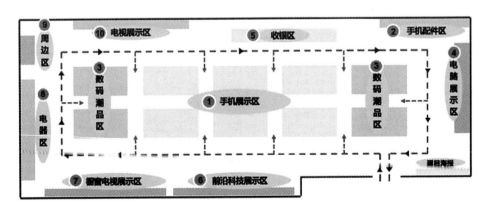

图7-4　小米之家门店分区布局平面图

小米之家依托小米商城、米家等，并借助后台大数据将遴选出的各类型产品进行了合理布局，一般来说，每个小米之家的SKU为200~300个，具体内容如下：

小米之家在橱窗区域规划电视展示区与前沿科技展示区，并在入口处放置醒目海报，吸引消费者入店选购；

1号区域展示小米公司最新款的终端机型，最中间区域为旗舰机型，两翼为中低端机型；

2号区域利用边角位置售卖手机壳、手机支架、耳机、自拍杆、手机膜等手机周边产品，便于顾客在购买手机后对配件进行"一站式"购齐；

3号区域为数据潮品区，摆放智能手表、故事机、智能音箱、路由器、摄像机、智能手环、VR眼镜等；

4号区域是电脑展示区，展示最新款的电脑、平板等产品及鼠标垫、鼠标等衍生产品；

5号区域是收银区，位于手机展示区之后，同时距离热门的电视展示区、数码潮品区距离较近，便于消费者购买产品并付费；

6号区域是前沿科技展示区，临近玻璃橱窗，主要展示一些高端科技潮品，如助力自行车、平衡车等；

7号区域临近玻璃橱窗，一般展示最新款、最高端的电视机型，彰显品牌形象和科技实力；

8号区域展示日常生活中的智能电器，如电饭煲、电磁炉、电水壶、无人机、空气净化器、扫地机器人等；

9号区域主要展示生活周边百货产品，如箱包、服饰、鞋、眼镜、插线板、毛巾、牙刷、血压计、米兔等；

10号区域展示主要电视机型，一般展示高中低端三款主打机型，此外还包括盒子、家庭音响、小米影视会员等衍生品。

小米之家的布局方式体现了专区化的特点，即某一物理区域只专注于展示某一类产品，便于消费者快速找到自己想要购买的商品，提高商品销售效率。

7.4　高品质商品及服务

小米通过变选址对标、产品低高频混搭、爆品战略、大数据选品、提高连带率、增加体验性、强化品牌认识和打通全渠道八大战略提升其流量、转换率、客单价和复客率，实现线上线下融合新零售目标。其中在丰富产品品类方面，精准定位用户，以目标客户的需求为出发点，品质为保障，创造了"小米生态链"产品体系，通过"小米生态链计划"调整产品品类，改变了传统的低频消费场景，创造了高频消费的场景，配合"低高频商品混搭+爆品+大数据选品"战略，使购买频率低的传统单一手机销售向购买频率高的小米之家零售转变。

7.4.1　小米"高性价比"得益于其供应链

供应链上有话语权的公司之间相互帮助，使得小米和其生态链企业的产品可以持续维持"高质低价"的策略。例如，紫米在电池供应链上很有话语权，在电池采购方面也可以帮助Ninebot（小米生态链企业）在电池采购方面进一步降低成本，小米生态链的青米等与电有关的公司也会在电源等产品的研发、供应上给予Ninebot支持。

7.4.2　从七大方面不断扩大丰富产品品类

通过用户需求匹配有效整合自有及生态合作伙伴产品，增加产品种类的丰富度，以核心业务手机为中心、从手机周边、穿戴设备、电脑办公、极客酷玩、智能家居及医疗健康七大方面不断扩大零售品类，将小米的"智能硬件"体系逐步完善，真正做到了多品类、广覆盖、快迭代，充分满足广大消费者个性化需求。产品的升拓让小米服务受众覆盖面更广，能够满足80%大众市场用户的80%需求。在整个2016年，小米手机周边的生态链系统全年收入超过150亿元，有超过5000万台智能设备，小米也成为全球最大的智能硬件孵化生态系统。

7.4.3　以智能化为圆心、互联互通是整个生态链的核心

以手机为控制中心，用手机对各类产品进行个性化控制，产品之间进行关联的互动，使得生活更加便利化，是小米生态打造的方向。而生态链的关键就是链条中的产品无缝链接，通过手机WiFi、蓝牙，或者手机APP将众多产品进行链接，是小米生态链产品进行链接的关键。以小米生态链公司发布的Yeelight为例。Yeelight 智能灯的普通版本（Blue）采用蓝牙连接方式，而小米路由器的定制版本（Sunflower）采用了ZigBee 协议。ZigBee 协议对于小米来说，可以将未来搭载小米智能模块的众多设备连接起来，通过智能网关汇总到手机上，最终实现远程控制和智能操作。此外，米家APP是整个智能产品的总和控制中心，小米电视、空气净化器、净水器、手环等均以此为中心，并且通过该APP还可进行产品关联的操作。

"小米生态链计划"着力打造智能硬件系列生态产品，品类多达200余种，如图7-5所示，包括：

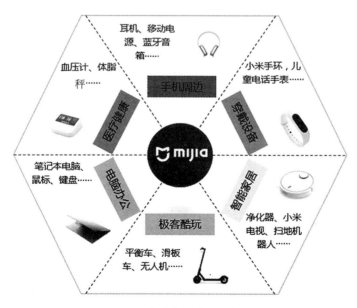

图7-5　"小米生态链计划"包含产品

- 核心业务手机：小米系列、红米系列智能手机
- 手机周边产品：耳机、移动电源、蓝牙音箱、充电宝等
- 穿戴设备：小米手环、儿童电话手表等
- 智能家居：空气净化器、小米电视、扫地机器人、电饭煲、电子秤等
- 极客酷玩：平衡车、滑板车、无人机等
- 电脑办公：笔记本电脑、鼠标、键盘等
- 医疗健康：血压计、体脂秤等

7.5 产品陈列展示

2016年5月28日，首家小米之家落户河北邯郸，从此，这个被赋予"科技界的无印良品"的线下实体店，一发不可收拾。

小米之家不仅卖手机，更是科技界的"无印良品"。小米之家虽然以手机销售为主，但它并不是传统的手机卖场，而是类似于沃尔玛、无印良品这样的百货零售店。店内陈列300多个SKU，均是小米生态链中自主孵化的明星产品，包括小米笔记本、空气净化器、净水器等智能家居硬件，以及小米手环、移动电源等手机周边配件，小米之家的理念是为消费者提供高品质、高性价比的产品。小米的生态链围绕其核心产品如手机和智能生活场景展开，小米已经从手机业务，发展成了涵盖空气净化器、扫地机器人、接线板等70多个品类的智能家居生态圈，通过共享2.8亿的手机用户流量和庞大的供应链采购规模，打造成了完整的生态系统。

小米的产品可在有限的小米之家进行销售和配送，提高了消费者的品类选择空间，也在无形之中，提高了小米之家的人群覆盖数，出原来的商超窑流量提升到方圆几公里的线上线下用户群。

目前小米之家除手机以外，还有影音设备、智能家居、酷玩产品，以及手机电脑的周边配件和生活耗材，覆盖个人、家庭、旅行、办公等不同场景。店内陈列300多个SKU，均是主打高品质、高性价比的产品。

虽然手机是低频消费品但是将手机周边产品、智能硬件、生活耗材三个

方向的所有低频加在一起，就变成了高频。丰富的产品组合，保持高品质、高颜值、高性价比特性，将这些东西串在一起，构成小米之家模式的核心。

旗舰店除了拥有高大上的购物，还设置了儿童积木体验区，起居室、卧室、厨房间等场景化体验空间，进一步提升了小米之家的整体购物体验。

7.6 24小时服务

小米在俄罗斯开设了全球首家24小时营业的小米旗舰店，这是小米在全球市场扩张进程中的又一里程碑，如图7-6所示。

图7-6 俄罗斯小米旗舰店

此前，RDC已在俄罗斯开设了6家小米授权的授权店及销售点。现在小米决定亲自上阵，在莫斯科开设一家全新的小米旗舰店，为顾客全天候提供服务。

在俄罗斯的这家"小米之家"中，不仅会出现小米的强势产品，同时小米生态链中的产品也会入驻，比如主打的小蚁运动相机，米家床头灯以及小米体重秤等。

7.7 精准化客户画像

在大家都强调大数据应用的今天，小米是最注重用户体验的，他们通过互联网广泛收集用户意见，让消费者参与设计，把消费者的参与感做到极致。小米不仅仅是一家做手机的公司，它还是一家经营粉丝、经营用户的公司。"20~30岁，理工男，采购能力有限。"这是一个典型"米粉"的特征。

小米手机的成功，离不开小米手机细分市场的特定消费者，用雷军的话来说："就是喜欢玩机的那群人，他们懂性能，喜欢折腾，就是手机控。"详细说来，这些人的特征包括：①年龄在20~28岁之间，一般在20~25岁；②拥有大专以上学历，专业学的是理工科，对技术特别是IT技术痴迷；③毕业不到5年，一般在2~3年，收入为2000~6000元；④喜欢玩手机，喜欢上网，经常浏览太平洋电脑网、中关村在线等IT网站；⑤有个人的消费主见，不喜欢"随大溜"；⑥喜欢网购，不喜欢逛街；⑦社会地位不高，大都从事的是底层技术支持工作，渴望被认同。

7.8 专业化运营

小米之家的专业化运营表现在以下几方面：

（1）小米之家组织活动增进和粉丝的感情。

小来通过爆米花论坛，米粉节、同城会等活动增进和粉丝的感情。

爆米花论坛是摄影的月度、年度评比；米粉节是每年都会兴办一次盛大狂欢，进行对米粉的感谢活动；爆米花是小米举办的城市线下活动，是用户展示自己和认识新朋友的舞台，活动全程都让用户参与，小米会在论坛里投票决定在哪个城市举办；同城会是由米粉自发组建、经小米官方认证的米粉组织，每月不定期发起同城活动，在这里可以结交到很多同城好友。

图7-7　小米之家组织活动

（2）小米的整个生态链系统将消费者的需求放到了首位。消费者遇到了产品使用上的问题，需要有专业人员进行指导和维修，如图7-8和图7-9所示。

图7-8　专业人士维修

图7-9　一小时快修

（3）差异化服务。

提供展示、体验、购买等服务，尤其在体验环节，营造浸入式的体验环境，让消费者在无打扰的状态下深度体验科技乐趣，杜绝诱导购买、推销。

（4）年轻人服务，侧重服务能力，弱化销售能力。

1）善于利用微信、微博进行线上的品牌和产品展示与传递。

2）发挥创造力、发现服务盲点、改善服务弱点。

3）提供增值服务，如系统更新、手机贴膜、产品刻字。

4）扩站服务领域：除了增值服务，还有社交互动等功能。不仅为消费者创造了浸入式的、无打扰的科技体验，还为消费者提供科技咨询、大件产品免费快递、免费的手机系统更新、手机贴膜和产品刻字等服务。

（5）服务特色。

设定维修"接（受理）""取（取机）"分离，清楚划分维修服务职责和流程；融合产品体验、演示教育等服务，覆盖客户进店后的每一个关键时刻，全程关注客户的需求，如图7-10~图7-13所示。

图7-10　门前：接待用户

图7-11 休息区：产品展示

图7-12 场景体验

图7-13　产品体验

总结小米之家体验营销：

1）让消费者通过亲身体验，逐渐摆脱平价就等同于劣质的固有印象；

2）最新上市的产品体验；

3）设计体验（营销体验）：小米全系产品的设计理念深入用户，用户就会购买这个小米一系列的产品；

4）文化体验：小米之于年轻人的意义，创业精神的符号；

5）米粉与用户：打造家庭气氛，传递小米与用户交朋友的企业文化，从商品陈列、增值服务、互动活动（补充图片）等方面，让消费者尤其是米粉朋友感受到家一般的体贴服务。

7.9　黑科技应用

小米之家深圳旗舰店是目前面积最大的小米之家。

旗舰店首度导入「黑科技」新购物模式，店里的5个80寸大荧幕，触控可看到商品介绍，扫描右下角的二维码，还能直接下单付款取货，完全不用到柜台排队。另一种方式是拿着想买的商品找店员，店员随身配有移动收银器，扫描商品条码用移动支付，甚至能直接刷卡，同样免排队。

　　此外，这家小米旗舰店的二楼还陈列了许多居家用品，大部分是小米旗下「有品」电商平台的商品，有毛巾、牙刷等家用品，也有床垫、沙发等大型家具，扫描二维码不仅一样能结账付款，还会帮你宅配到家。

　　透过大型互动屏幕可直接下单购买商品，移动付款后店员会将商品送到消费者手上。

8. 超级物种：
传统生鲜与互联网牵手

8.1 大数据选址

在大数据选址方面，超级物种主要是通过腾讯云智选来辅助选址。智能选址（Smart Selection，SS）是腾讯云与 TalkingData 联合，依托双方优势，结合经典模型和预测算法，将海量数据与机器学习有机整合，旨在解决实体门店的选址、商圈经营等场景问题，为智慧零售及多元化线下产业助力的数据智能产品。

8.2 形象打造

永辉超市超级物种是2017年初由永辉云创子公司推出的对标盒马鲜生的新零售样板。超级物种定位以商圈的流动人群为主，餐饮比例更大，且主要的发展方向是由食材向餐饮过渡。超级物种提供永辉全球直采的精选品质商品，消费者购买后可在门店现场烹饪并食用，或者线上通过APP及小程序平台，享受30分钟配送上门的服务，形成了"线上线下一体化的生鲜餐饮+零售的混合式体验"新业态。

采用更具流动感的陈列设计和全新的装饰风格,进一步优化高端生鲜食材体验店的场景。

8.3 功能分区

超级物种进行品类精选并进行分区,划分为波龙工坊、鲑鱼工坊、盒牛工坊、生活果坊、健康有机馆、咏悦汇六大品牌业态。如鲑鱼工坊是以三文鱼为主线的日料食材体验店,率先开创了"超市+餐厅"的经营模式;盒牛工坊则汇集了谷饲牛板腱、西冷牛排、牛肋眼、菲力牛排等不同的新鲜牛排品类;波龙工坊主要以龙虾、蟹贝类等生猛海鲜为主,现场也设有加工处理,消费者可现场品尝。

8.4 商品特色

超级物种店内产品中生鲜产品比例超过50%,永辉将农贸市场作为竞争和要予以取代的对手,在销售方式、价格、品种结构、自选方式的开放度等方面进行赶超;低于农贸市场10%的价格,是永辉生鲜占领市场的"撒手锏"。传统生鲜观念是以提升门店人气,形成差异化经营为目的,而超级物种将生鲜盈利的观念引入到现代超市生鲜经营,通过永辉集团建立庞大的基地采购网络,不断地向上整合供应链,使采购成本降低;同时丰富商品结构、优化卖场营运管理,使其生鲜利润的最大化得以实现。超级物种几乎网罗了所有的生鲜品类,丰富的品种,量感的陈列在生鲜区得到充分体现,真正意义上体现了"用商品说话",如图8-1和图8-2所示。

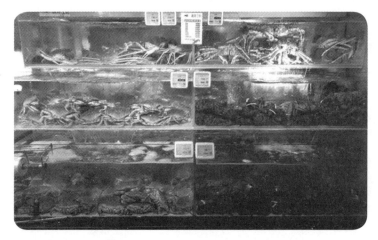

图8-1　超级物种的丰富品种1

图8-2　超级物种的丰富品种2

8.5　全渠道营销

永辉线上服务拥有多个入口，消费者可以通过永辉生活APP、微信小程序、饿了么平台多入口实现线上下单支付，目前线上部分还不是超级物种的主力，整体线上订单量（包括到家服务和线下扫码付）占比不超过一半，到家服务配送团队也是以外包为主，但增加线上业务的比例也是其近期发展的一个重点。

8.6 科技手段

2017年12月，腾讯通过协议转让方式受让永辉超市5%股份，同时对永辉控股子公司永辉云创科技有限公司进行增资，拟取得云创在该次增资完成后15%的股权。

腾讯"智慧零售解决方案"将提供强大的场景、大数据、AI技术支持，以及腾讯全产品线，帮助合作伙伴量身定做解决方案，帮助线下门店实现数据化和智能化。在落地门店提供人脸识别技术，结合永辉自主研发的门店自助收银系统通过人脸识别支付，不掏手机轻松完成购物全流程，极大提升用户门店购物体验。

在自身技术开发及应用成果基础上，永辉运用腾讯云成熟骨干网络及多样化云服务，建成了满足现有业务、成熟可靠、技术领先的大型云计算平台。

腾讯云通过大数据应用平台，进行品类优化和销量预测，实现精准人货洞察，为永辉实现消费洞察，大幅提升门店经营效率。在此基础上，永辉可全面了解门店丰富用户画像及实时交易转化率，实现全景式消费洞察，并通过数据运营分析更好地服务永辉会员。

8.7 效能提升

超级物种是永辉多业态发展的一个尝试，是永辉体系下孵化的创新项目，专注自身的更新迭代，不断提升盈利能力，最终希望它能给上市公司贡献业绩，接受腾讯的一些资源技术的输出对超级物种来说是锦上添花。未来的重点发展方向是通过内部迭代，不断丰富消费场景，以差异化的策略适应不同的场景，对每个店里的商品品类也需要动态调整，满足消费者更多的个性化需求。

9. 无人零售：

风口上的智能化转型

无人零售店是一种新型智能化的线下实体店，以改善用户体验为核心的新型零售模式。其核心在于通过深度学习算法、RFID、智能支付等技术手段，将面向消费者的触点和环节进行自动化、智能化处理，以提升用户全流程体验。

人工成本快速上涨、移动支付高频使用、智能技术日益成熟、消费者购买力提升、政策对零售业态转型支持以及资本市场青睐六大因素共同驱动"无人零售"快速发展。

无人零售可以算是目前资本市场尤其是VC领域的超级风口，这一领域由于单店成本低，主要依托物业的增量资源，因此初创企业为这一赛道的主要玩家。无人零售根据形态可以分为三种：全封闭式的自助售货机、无人值守便利店、无人值守货架。自助售货机历史悠久技术成熟，目前存在往更多元化的方向发展。因此，接下来着重介绍无人货架和无人便利店。

9.1　无人货架

无人货架以自动售卖机为原型，以细分场景为依托，基于大数据选址和选品等环节，面向特定细分用户群提供的自助化售卖模式，针对特定需求提供较少品类和商品，无人货架的商业形态最初发源于一线、二线城市的高层写字楼，因为一线、二线城市的工作节奏快，加班时没太多时间吃饭也是常事，这个问题在高层写字楼的白领中更为普遍。

2017年无人货架市场呈现星火燎原之势，在鼎盛之时，甚至有50多家企业同时快速涌入这个行业当中，融资额更是高达30多亿。2018年初，负面新闻纷至沓来，多家无人货架企业先后被曝出撤站裁员、资金链断裂、货款拖欠等消息。与此同时，巨头开始进入无人货架市场，行业洗牌开始。

腾讯领投每日优鲜（5300万美金），无人货架市场格局将发生改变，不再是行业内垂直赛道玩家的拉锯战，而成为了巨头的生态战。同样主打无人货架的猩便利有美团的支撑，果小美有阿里撑腰，这对于那些没有巨头站台的初创公司来说，生存环境更为艰难。

每日优鲜便利购于2017年6月正式上线，零食货架主要入驻北京100~1000人规模的企业，包括放常温零食的开放式货架，放生鲜水果的冷藏柜和放冰淇淋等产品的冷冻柜，商品非常丰富，其优势便是依托于生鲜电商平台每日优鲜的供应链。遍布北京市的近300个前置仓让商品离用户更近，在保证商品质量的前提下，做到成本、效率最优。

每日优鲜便利购会把入驻公司按照七个维度分成五种类型，包括企业人数、销售额、女性占比、加班频次、周六日是否上班。因为不同公司在这些维度上的表现不尽相同，所以每日优鲜便利购给每个公司都形成了不同的用户画像。

在无人货架行业竞争开始进入深水期后，更多的是供应链、物流、用户运营以及品牌知名度等多维度的竞争，而对于初创公司来说，与巨头的竞争差距巨大。互联网巨头的入场，便是综合实力较差、没有巨头站台背景的初创公司退场的开始，而无人货架行业的洗牌期也将来临。

9.2 无人便利店

无人便利店在过去的2年中也成为资本市场的风口，从Amazon Go到阿里巴巴的淘咖啡，都在尝试无人便利店切入。而国内一些初创企业也在各种垂直领域不断地挖局无人便利店的潜在需求。随着资本相继入局，国内无人便利店的主要企业包括缤果盒子、F5、24爱购、快猫QuiXmart（亿百科技）、神奇屋等，大部分企业均获得了额度较高的A轮、B轮融资。除创业公司外，传统零售连锁和互联网企业也开始试水，罗森中国近日开始试点"无人收银"门店，顾客进入罗森，拿出手机，通过"火星兔子"APP 即可完成自助结账；而互联网企业中以Amazon Go和阿里巴巴的淘咖啡为典型。

9.2.1 Amazon Go

亚马逊推出了"没有排队、没有收银"的"无人超市"，颠覆了传统便利店、超市的运营模式，使用计算机视觉（生物识别技术）、深度学习以及传感器融合等技术，真正实现即拿即走的购物模式。

产品以餐食、饮品、酒类为主，品类介于小型加油站便利店和大型超市之间，商品形状规格比较统一。

购物流程方面并非完全"无人化"：进店闸机口配置1名导购，店内1~2名配货员，若干名准备原料、制作速食食品员工；进店前下载亚马逊APP，扫码进入；选好商品直接出超市，瞬间完成收费。

系统设备主要包括：摄像头，人脸识别绑定用户账户、捕捉动作；传感器，红外传感、检测物体的压力传感器等轨迹；图像分析及音频装置，用于检测用户定位。

亚马逊具备自身线上用户数据、精准营销能力、供应链优势。

但无人店运营过程中仍然遇到了较多的问题。门店打造成本不菲，技术方案实现难度大，如较多用户拥挤在一个区域时，造成系统崩溃，无法正常使用。

9.2.2　京东×超市

京东依托其积累的用户数据、供应链和物流等优势，打造无人零售店京东X，提升客户购物体验、降低人工成本。

采取直营+社会加盟型超市，以饮品甜品、休闲食品、生活用品以及美妆个护为主；500个SKU左右。

京东线上依托于线上大数据平台进行智能选址、选品，并与合作伙伴在平台打通之后实现数据共享。京东线下拥有极强供应链和物流配送体系，利用站点分布、自营配送员的优势，对门店进行智能补货。

前场购物区的智能货架设置多个摄像头捕捉消费轨迹，系统分析后自动下单补货；后场库存区则通过库房管理系统实现高效的货物分拣。

非完全"无人化"，进店配置一名导购；进店刷脸，需提示下载APP进行"绑脸"，刷脸进店；出门刷脸结账，在结账环节实现无感知结账，用户进入收款区域进行人脸识别，直接账户内扣款。

目前面临问题主要是系统尚未打通人脸、推荐、下单、支付、配送完整闭环，在技术方面仍需改进，如电子标签故障率高。

9.2.3　缤果盒子

缤果盒子2016年在广东中山地区启动项目测试，2017年6月首家24小时无人值守便利店缤果盒子在上海成立，定位于全新社区智能化项目，缤果盒子主要面向高档小区和高级写字楼，目的是为高端社区居民提供更高品质的生鲜及便利服务。

缤果盒子是国内首个商用可规模化复制的24小时无人社区便利店，通过移动互联网和新技术改造了线下实体便利店的成本结构，极大降低了固定投入、人工运营成本，并为顾客极大简化了购物过程，真正实现无人化的"智能秒购"体验。

顾客购物全程配备语音提示，并借助自助升降系统智能补货，实现无人值守，顾客扫码、实名认证后进入，自助结算通过第三方远程支付，在门口检测区稍等片刻，系统自动开门。目前已经加载自助结算系统、远程客服协助系统、RFID标签、人脸动作识别防盗系统等，未来引入图像识别技术取代RFID标签。

主要的优势包括拥抱实体零售企业，与欧尚战略合作，增强供应链；空间使用率高，租金低，固定投入10万元，无库房，SKU与40平方米便利店相当，可移动；人工成本低，1人负责40个盒子补货，人工成本约为传统便利店1/8。

目前面临问题主要是防盗难题尚未完全破解，每件货品需粘贴RFID标签，且标签成本较高，识别技术不稳定，可能造成付款不畅。

无人便利店从使用技术上主要包括人工智能、物联网和互联网三个主要方向。

人工智能主要以Amazon Go、阿里淘咖啡、Take Go、缤果盒子为代表，使用的技术主要包括机器视觉、深度学习算法、传感器融合技术、卷积神经网络、生物识别等，具备购物体验较好、能实现即拿即走、更有助于了解消费者需求等优势，但技术壁垒较高。

物联网主要代表为缤果盒子、7-11、罗森日本无人店，使用技术主要是RFID标签技术，在对货物的识别与防盗上更具优势，技术上也较为成熟，但RFID标签费用较高。

互联网的主要代表为便利蜂、小e微店，主要是利用二维码来完成对货物的识别。从技术上来讲难度较低，成本也较为低廉，但购物体验较差，过程较为烦琐。

10. 其他新物种

58各类企业纷纷打造自己的新零售样板，目前规模较大的还有盒小马、OPPO超级体验店、vivo超级体验店、华为智能生活体验店、苏宁易购精选店、星巴克上海臻工坊等。

10.1 盒小马

盒小马由阿里盒马和大润发共同投资，2018年6月2日第一家盒小马于苏州高新区的门店试运营。苏州盒小马面积800多平方米，SKU数量8000多个，生鲜面积占比约为1/3，还有各种日用品、文体用品，甚至家用小电器，与盒马的品类结构相差甚大。同时，盒小马也是采取店仓合一、线上线下一体化的运营方式。大润发的线下零售经验、供应链体系为阿里所看重，而阿里在线上的造诣、数字化改造的能力又是大润发欠缺的。

定位中型超市的盒小马，被视为阿里巴巴新零售下沉到非一线城市的信号，开启了乡镇农村市场的争夺，如图10-1所示。

图10-1　盒小马门店

在选品方面，盒小马主要的生鲜商品包含蔬菜、冷冻商品、肉类、奶制品以及少量面包和熟食，如图10-2所示。

图10-2　盒小马多样的生鲜商品

盒小马将会引入阿里大数据、算法及大润发全国400多家门店的商品库按需精选商品，如图10-3所示。

在盒小马，玉米、炒饭等食品可在店内加热，水果也可以现场切片包装，此类商品大多贴着盒小马自己品牌的标签如图10-3所示。盒小马从一出生就确立了自有品牌产品的路线。

图10-3　盒小马品牌标签

盒小马也采用了将门店作为前置仓，线上线下打通的模式。通过手机淘宝上的淘鲜达下单，周边3公里内的居民，可享受送货上门"1小时达"，这比盒马的半小时达稍慢一些。

10.2　OPPO超级体验店

2017年12月24日下午，位于上海淮海中路的OPPO全球首家超级旗舰店宣布正式开业，释放了OPPO品牌升级的重要信号，对于OPPO超级体验店来说，从一开始的规划和设计就主要以用户体验为主，更多是基于零售终端以及品牌的升级考量。未来还会逐步对线下门店进行形象升级，如图10-4所示。

OPPO在自家手机产品之外，还选择性引入智能手机周边的产品，如大疆无人机、BB8机器人等。更多的是引进一些跟自身品牌相当或者更高端的产品，围绕科技潮品去引进。

图10-4 OPPO门店

OPPO划分为产品展示区和休闲区，其中休闲区整整占据了全部空间的3/5，包括第三方配件在内的产品展示区仅占很小一部分，为用户提供了堪称奢侈的自由空间。

从设计风格上来看，颜色主要以黑色和白色为主，其中还融入了OPPO充满活力的绿色品牌色调，集中表现为"有趣、自由、亲切"三个方面。黑色主要用于手机的展示柜，而白色则是墙面的主色，体验桌椅全部采用原木材质。

在店面靠里还悬浮着一条8米长的大鲸鱼，让人充满了无限遐想，如图10-5所示。超级体验店还对天花板和光源进行了全新的设计，天花板采用大面积的镜面设计，通过反射和折射营造出梦幻感。

图10-5 OPPO门店内的鲸鱼

10.3 vivo超级体验店

vivo第一家超级体验店于2017年2月在上海徐家汇开业。区别于传统的以销量为王的卖场，vivo将体验中心定义为以提供服务和产品体验为核心的综合平台，而销售仅作为其中的一项功能，将产品融入场景，为顾客提供更丰富的互动体验，如图10-6所示。

图10-6　vivo超级体验店

在上海的体验中心内，vivo专门设计了音乐体验和拍照体验场景，如图10-7所示，消费者可以体验Hi-Fi音质带来的卓越享受，或是打印一张使用vivo手机拍摄的高清照片。此外，中心还增设了影音阅读、粉丝互动、服务中心等场景。影音阅读区提供免费的书籍和阅读空间，消费者可以在其中放松休息；粉丝互动区会定期举办品牌活动或沙龙活动，与消费者和粉丝零距离沟通；服务中心则基于"服务商圈"的理念，为包括非vivo用户在内的所有消费者提供手机保养、清洗、贴膜、基础维修等16项免费服务，如图10-8所示。

图10-7 音乐体验场景

图10-8 vivo上海体验中心

10.4 华为智能生活体验店

2018年4月，华为智能生活馆落户太原茂业天地，是华为打造的全球第一家智能生活馆，在太原亲贤商圈中心，约600平方米大小，如图10-9所示，华为通过发力新零售与大服务，给消费者提供不一样的体验。在店内清晰呈现产品、品牌、体验三个功能区域；在体验科技的同时，从视觉、听觉、嗅觉、触觉等多种感官角度，打造集科技、艺术、文化性于一体的多重体验空间。

图10-9　华为智能生活体验馆

这家华为智能生活体验馆完整地展示了华为在智能终端生态的布局，而且还模块化地打造了各类场景体验区，如图10-10所示，包括VR游戏体验区、跑步机等智能健康管理体验区、专业的棚拍摄影体验区，还有鼓励儿童学习和创作音乐绘画的儿童体验区，等等。

图10-10　各类场景体验区

智能生活馆内中心是近30平方米的电子大屏，播放内容展现生态的交替轮回，给科技馆以生活气息，如图10-11所示。

图10-11　智能生活馆内的电子大屏

正中间展区是品牌区，将精心推荐的生活物件与最新推出的P20系列和Matebook X pro等产品结合，打造全新的艺术场景化陈列。比如将科技产品与同色系的化妆品、眼镜、书本一起陈列，满足商务精英、白领、文艺青年等喜好。

智能生活馆左边的体验区，设置了拍照的幕布场景，用户可以现场用手机拍大片并上传、打印，留作纪念，如图10-12所示。

图10-12　拍照体验区

儿童体验区设置了多元丰富的学习、绘画、游戏体验场景，通过软件与孩子互动，如图10-13所示。

图10-13　儿童体验区

10.5　苏宁易购精选店

2018年4月，苏宁首家"苏宁易购精选店"在苏宁总部开业，如图10-14所示。

图10-14　苏宁易购精选店

销售商品除了家电3C以外，还包括母婴、生鲜水果、餐饮等各种品类，如图10-15~图10-17所示。

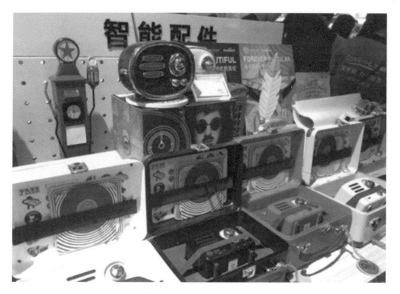

图10-15　各类产品1

图10-16　各类产品2

图10-17　各类产品3

同时，还有京五爷杂粮煎饼、苏宁极物、苏宁小店等苏宁新业态也集于一身。另外，店内设置多个自助结算通道以及扫码定位付款无须排队即可完成交易。

从门店风格来看，苏宁易购精选店整体采用木质色调，主打多业态集合，涉及日常吃穿住行等多个领域。

10.6　星巴克上海臻工坊

2017年12月，星巴克携手阿里巴巴打造了星巴克臻选上海烘焙工坊，这是星巴克在海外的第一家也是亚洲目前唯一一家烘焙工坊，堪称巨型"咖啡梦工厂"，如图10-18所示。

图10-18 星巴克上海臻工坊

开启手机淘宝扫一扫后，无论是星巴克"从一颗咖啡生豆到一杯香醇咖啡"的制作过程，还是"隐藏"的在线菜单查询功能，抑或咖啡吧台、冲煮器具等店内每一处细节设计，甚至是西雅图的派克市场是何种风貌，都可以通过AR功能详细了解。消费者还可通过手机淘宝"扫一扫"，在天猫星巴克官方旗舰店购买仅在上海星巴克烘焙工坊有售的周边纪念品，实现线上线下全渠道购买体验。

从一楼进入圆形拱门后，首先是甄选市集，由三个木质吧台组成，延伸至店内，全长27米，是星巴克全球最长的吧台，星巴克设计的巧思是，这个吧台是模拟不同咖啡豆的烘焙曲线全手工打磨而成。数百名咖啡师则在这个吧台上为顾客冲煮咖啡，如图10-19所示。

走过咖啡区则是芳香四溢的面包烘焙区。星巴克不久前投资了意大利面包烘焙品牌Princi后，随即便在上海的烘焙工坊中推出，如图10-20所示。

图10-19　咖啡区吧台

图10-20　面包烘焙区

　　茶瓦纳吧台使用了3D打印技术和可循环材料，一共有20款茶饮料登陆中国，对于喜爱创新冲煮方式的顾客来说，融合科技感和戏剧观赏性的蒸汽朋克冲煮系统绝不容错过，如图10-21所示。

图10-21　茶瓦纳吧台

　　上海烘焙工坊将成为星巴克首家也是国内首类的"智慧门店",为顾客呈现线上线下无缝衔接的数字体验。在这里,顾客将可以体验星巴克首个增强现实(AR)体验之旅,只需手机连接店内WiFi或打开手机淘宝APP扫描二维码,登录上海烘焙工坊的手机版网页——"线上工坊",通过AR扫描功能,便可开启这一沉浸式体验之旅,如图10-22所示。

图10-22　AR体验之旅

11. 样板启示

不论是以盒马鲜生和超级物种为代表的新零售方向，还是以无人货架和无人便利店为代表的细分领域突破，在新零售转型的过程中，技术应用、产品种类、渠道融合、数据驱动几个方面均是比较重要的维度。

11.1 多维度突破

11.1.1 突破性技术应用

人工智能、物联网、大数据、云计算、虚拟现实、区块链、视觉识别、移动支付、图像识别新技术等的发展，在互联网企业线下零售拓展与传统零售业互联网化改造过程中得到了极大应用，带来了新零售的蓬勃发展。像京东之家引入了智能监控、电子价签、Take系统、刷脸支付、"流量漏斗"等为代表的、充满未来感的店内"黑科技"，为门店个性化、场景化消费购物体验提供支撑保障。京东-7FRESH利用黑科技实现客户体验、门店运营效率双提升，包括随时查看蔬果生产种植信息的智能魔镜，支持刷脸支付的自助结算机，自动跟随消费者的智能购物车，顶部静音送货"悬挂链"等。

新技术衍生出新业态，同时改进企业运营和物流系统，为新零售奠定基础。由于有了新技术，界面的推送才能更加精准、物流的配送速度才会越来越快。同时新技术在终端、流通环节的应用，可以产生有价值的数据。对这些海量的数据进行收集、监测以及分析，可以帮助企业更加有针对性地对店铺运营和消费者进行管理。技术的应用帮助物流实现自动化仓储以及高效配送。

11.1.2　产品种类极其丰富

产品种类越来越丰富，最大可能地满足客户需求。在拓展产品品类的方向上既有横向拓展，也有纵向的深度延伸。盒马鲜生、7FRESH、国美、苏宁等新零售渠道商在发展过程中衍生出智能硬件、3C、潮品等产品。

比如苹果直营店销售品牌线所有产品，包括手机、电脑等，以及产品所对应的配件，"果粉"们可以在店内畅享体验，体验完成后根据需求进行"一站式"购物。

小米通过"生态链计划"调整产品品类，有效增加产品种类的丰富度，产品开拓让小米服务受众覆盖面更广，能够满足80%大众市场用户的80%需求。

11.1.3　渠道融合日益深化

强化线上和线下渠道的区隔定位与合理互补，贯通线上线下，实现宣传、购物、价格、取货一体化，为客户提供全渠道的便利服务。

比如阿里素型生活馆利用线下体验秀场直播品牌商家宣传及消费者买家秀，将门店打造为互动营销的线上线下交互的体验场所。盒马鲜生通过线上线下的融合，实现了商品、价格、营销、会员、库存的五个统一，从而促进线上线下的相互引流，带来单位坪效、人均效率及供应链效率的同步提升。

新零售的门店均充分运用全渠道工具，实现宣传、销售、服务协同，从而提升门店坪效和人效。以线下门店为基础，线上线下渠道相互辅助、相互引流、构建全渠道营销服务体系。

在售前宣传方面，通过APP线上宣传门店最新信息及购物促销活动，为线下门店引流，线下门店体验增强消费者对产品的信心，促进消费者在APP上二次消费。

在销售环节，购买方式除了线上、线下单独购买，还可实现Online、Offline智能拼单，共同配送；支付方式既提供人工通道，也支持自助结账机，鼓励支付宝、微信结账等。

售后服务方面消费者如对产品不满意，只需在APP端点击退货，此前已付款项即可通过支付宝或者微信返还消费者账户。

11.1.4 数据驱动无处不在

新零售的明显特征之一就是应用最新的大数据智能分析技术，分析产品选择、用户画像、消费属性、消费需求等，实现精准定位客户，精准存货与个性化营销，提高运营效率和销售转化率。

店内数据通过重点布局热点区域客户动线，进行客流、消费场景、消费行为数据统计。店外场景用户数据收集，包括订单数量、会员覆盖率、活动人数等。建立大数据运营分析平台，通过大数据挖掘分析，形成海量用户标签库，通过各类技术手段全面采集各维度数据；通过数据处理和数据平台搭建进行数据清洗整合、数据建模、挖掘分析；最终实现数据调用及数据资产积累。

（1）大数据选址。

借助专业的大数据系统作为选址辅助，让门店选址更加高效、准确。第一，基于用户需求。主要通过挖掘线上移动端数据检索数据量化，将有直接服务需求的用户予以反馈。避免传统人群画像方法带来的误差。第二，基于用户需求后的步步优化路径。当用户给出需求覆盖的大概区域后，结合机器学习优化算法，将不同类型的约束，如空间、时间、交通资源、周围网点等信息逐渐缩小范围，最终提供优化后的网点候选位置。

比如盒马鲜生的选址，是将商场会员的消费情况以及该区域的消费者在天猫淘宝线上的订购情况进行综合分析，再决定该区域是否合适开店的依据。智能的选址得益于线上线下数据的打通。新零售时代的进化过程，因为移动端支付的普及而成就了O2O的可行性。

（2）大数据智能选品。

实现千店千面，围绕畅销商品进行选品，筛选出线上销量和好评度高的商品，结合线下用户群关联分析模型，实现货品反向定制；对用户行为进行分析，实现货品二次迭代，通过分析店内消费者兴趣关注、场景停留时间等行为数据，指导店内货品更新迭代。

（3）大数据精准营销。

通过灵活抓取精准用户群，实现精细运营和数据化营销，精准定位粉丝人群、强关联人群与弱关联人群，为商户抓取精准用户群体。

完善用户画像，实现千人千面，浏览、交易、客服、配送和物流等数据导入用户画像模型；个性化商品推荐，搭建"用户—商品—店铺"三维适配模型，形成个性化产品推荐；积极拓展线下会员，打通线上和线下会员体系。

（4）精准库存及物流管理。

通过对店内销量、库存等流通数据进行分析，实现智能预测、补货与库存管理；通过分析客户偏好和购物模式，优化库存和商品展示，并提供对新产品、停产产品和产品品牌的洞察；使用模拟数据来追踪从仓库到门店的过程，为运输提供路线建议，保持运输成本降低，更准确地调度驾驶员时间。

11.2 "多快好省"特征明显

11.2.1 "四好"：听、玩、看、用

（1）好听。

智慧门店越来越多地引入无人化的运作模式，消费者可以选择感兴趣的产品，通过机器人精准的讲解与演示，了解产品。海尔智慧门店将机器人

PRPPER引入门店，结合无线通信、APP、云端概念和影音图像等技术，向顾客介绍冰箱、空调等产品信息，也可以通过联动海尔的U+系统，给顾客演示各种家电的运行状态和模式，它还会收集顾客反馈、进行产品调研，并帮助经营者统计门店的销售状况、反馈客户需求等。

（2）好玩。

消费者购物越来越注重体验，在一家"好玩"的店会停留更多的时间，这更在无形中加深了品牌印象。"好玩"一般体现在以下几方面：一是设置各种娱乐场景；二是具有很多好玩的产品；三是可以聚用户，用户可以在这里玩任何他喜欢的，即场景+产品。

从娱乐场景来说，智慧门店既应考虑当下备受关注的亲子互动环境，也应为成人提供一个紧随当下新科技潮流的"玩的"大环境。偏重刚性需求的盒马鲜生的顾客多为"80后""90后"的白领人群，平时时间比较少，周末时间既需要采购又需要陪家人，为迎合需求，盒马鲜生门店提供亲子互动等活动，可以让父母与孩子在一起玩耍。既拉动消费，又培养家庭感情，帮助提高消费者的忠诚度；而专注于家居的林氏木业，同天猫联合发起的"捉猫"AR互动，运用刚刚风靡的AR技术，短期内迅速提高公司人气。

好玩的产品会引起顾客足够的兴趣，对科技类的公司而言，直接带来的是客户对产品的好评，对非科技类公司而言，客户直接体验的是公司文化，间接带来的是品牌认可度。小米的线下门店主要针对喜欢科技体验的"米粉"，店里安装可与人互动的互动屏，类似的黑科技会吸引更多的客流；服装品牌的"妖精口袋"在首店现场，开设理想国、主题快闪店，搭建100平方米露天游乐场，以及PK排行榜游戏、自拍打卡区、新媒体互动活动等，吸引客户。

在聚合用户上，我们要满足不同用户对好玩的需求，营造一种氛围。消费者除了购物以外，还有社交和体验。在小米之家门店通常会有小孩在玩游戏，老人在旁边观看的场景，整个门店有一种很生活的氛围。

（3）好看。

当人们的审美水平越来越高的时候，会对门店的观感有更高的要求，智慧门店从两个方面满足消费者的需求，一是门店本身的好看，店家运用技术营造更美观的装饰环境，二是在服装店等类似店铺，顾客要求产品（衣服）的好看。

在门店自身的观感方面，一个合格的智慧门店应该在顾客身上根植一种品牌印象，让顾客一踏入门店脑中就会自然浮现这是哪一家公司或者品牌，通过有代表性的装饰可以达到一种品牌营销的结果，如设计理念为以"现代艺术范"为创作灵感，与超现实主义、摩登时代、拜占庭艺术等时尚潮流元素相结合的Lily时装，在南京西路智慧门店的设计时，一楼以西班牙纪念碑谷建筑原型这一网红景点为灵感，搭配粉色、大理石、黄铜等元素，将视觉错位与空间互动效果叠加，营造艺术感丰富的互动体验区。门店内设置的延时摄影互动空间、黑镜空间等黑科技，不仅增加了店面的设计感，更为消费者提供了自带网红属性的购物体验。

在产品好看方面，门店利用技术模拟客户想要的产品效果，成本低且效果好。如林氏木业可以根据消费者不同的要求，导购通过三维软件模拟出仿真的实际效果图，增加VR体验技术，提前对不满意的进行调整，降低客户返工的机会成本；此外，服饰类的快消行业，运用黑科技AR试衣镜、云货架等可以让客户减少替换衣服的麻烦，同时又可以挑选甚至设计自己喜欢的衣服。

（4）好用。

所谓"好用"，一是让商家感受到好用，即有效提高商家对店铺基本运营信息的了解、提高货物周转效率、精准营销以及降低成本；二是让消费者感受到好用，即产品设计符合用户需求、精简购物过程，使其更高效便捷。

1）商家"好用"。

在店铺信息方面，智慧门店通过大数据供店家查看店铺运营需要的信息。通过大数据可以实时查看门店每日销售额、库存等，甚至还能查看店铺的商品销售排行，哪种商品更畅销。大数据本身并没有直接的业务模式，利用线上数据服务线下实体，与应用场景结合才能实现商业价值。

在货物周转方面，通过数据分析可以自动了解仓储信息，在渠道融合背景下，线上线下消费行为产生的零售大数据同步至数据仓库，经由维度建模、机器学习等方式提取有效信息，并运用至个性化推荐、全链路营销、智能补货、销量预测等实际运营环节，从而提升行业效率。

在精准营销方面，智慧门店可以通过大数据随时对顾客的品类消费能力、品类品牌的倾向进行详细标定和修正，进而根据每个顾客的偏好做个性化营销，甚至推送软文，促销信息。

在降低成本方面，利用大数据降成本，一方面利用大数据实时获取门店的商品销售、客户消费等信息，为商户精准选品提供建议，降低囤货成本；另一方面利用大数据获取门店的位置、周边社群等信息，为品牌商货品快速下沉提供建议，降低铺货成本。阿里巴巴利用阿里零售通发布大数据选品方案"智选魔方"，通过线上数据实时更新，线下按季度采样，为全国100万家签约小店提供必选品、基础品和可选品的建议，为品牌商高效率低成本将货品下沉到夫妻店提供算法支持。

2）消费者"好用"。

产品设计充分融入消费场景。智米产品的重要特征之一是"百搭"，这让用过的消费者均有深切体会，消费者的房间无论是北欧风格、日式风格、现代美式风格，还是简朴的白墙出租屋，智米产品均能很好融入其中，与房间风格完美契合。

极大简化烦琐的购买流程。一是通过算法推荐最适合客户的产品，二是显示相关信息帮助客户做出选择，以天猫智慧门店为例，店内引入的"智能云货架"可以通过人脸识别系统，有效识别出消费者的性别、年龄，并且通过这些信息精准地向顾客推荐适合消费者的商品；在客户选择自己喜欢的产品时，智能屏幕上便会从价格、功能到评价显示关于这件产品的所有信息，不仅帮消费者解决选择困难的难题，还过滤掉不适合的商品。

综上所述，为丰富客户线下体验场景、营造良好的消费氛围，在传统店铺逐步向智慧门店转型中，科技赋予了智慧门店新的活力，以"好听、好玩、好看、好用"四大功能定位提升智慧门店的吸引力。

11.2.2 "四多"：人流、频次、购买、时间

（1）人流多。

通过科技创新，智慧门店以更低的成本带给商家更多的人流量，此外联合推广的模式会覆盖更多的客户群。

在人流量方面，借助手机定位功能，引流消费者同时使商家避开高租金商铺。以小米为例，"米粉"可以通过手机搜索附近的小米之家，即使它并没有出现在商业圈最显眼的位置，但是GPS定位也会给该店带来巨大的人流量。

在联合推广方面，通过技术实现线上+线下的闭环营销，使受众的范围扩大。以"妖精口袋"为例，通过地铁夫子庙站厅及品牌列车触达 300 万人次，淘内淘外直播总观看量达 560 万人次等，营销活动通过线上线下全媒体共覆盖了 1.31 亿人次，远超传统营销结果。

（2）频次多。

频次多表现在两方面：第一，进行组合销售，商家开发整套智能产品，运用统一的系统控制，会激发消费者对新品的购买欲，有效杜绝同类产品竞争；第二，提高快消品的产品品质和服务质量，从而有效提高品牌忠诚度。

对于可以销售组合的商品，消费者最初购买智能家居时通常会选择同一品牌，随着智能家居产品的不断升级，消费者更新换代时会继续选择原有品牌，带来门店回购频次的提升。小米之家是基于全品类的新零售店，小米店里有智能家居，也有不断推出的米家电动滑板车、小米平衡车、米家电饭煲、米家台灯等新款产品，因而客流量非常高。

对于快消品，商家可以利用数据和物流，保证产品和服务质量，提高客户对品牌的依赖度，形成稳定的客户群。以盒马鲜生为例，场景优势满足消费者对场景的差异需求；体验优势使线上APP 更注重快速便捷，线下门店更注重体验，两者结合给消费者带来丰富的全渠道生鲜体验；流量优势使线上与线下无界融合，有助于流量相互转化、增强用户黏性，最终做到留存；互补优势即增加渠道相当于增加流量入口，且可以根据不同的时间、季节节

点、促销商品随时切换，安排适合的线上线下活动。四大优势相互补充，给顾客提供独一无二的服务体验，使客户对盒马鲜生的认可度很高，回购率也很高。

（3）购买多。

智慧门店大数据的收集与处理系统，可以有效收集客户的购买习惯、短期需求以及长期需求，定期推送客户感兴趣的商品，以及一些定期的优惠活动，提高客户的浏览量；在同时具备线上和线下运营的公司，通过线上向线下引流的方式会提高门店的客户量。以林氏木业为例，天猫旗舰店日均访客量达100万人次，线上精准粉丝接近400万，林氏木业进行全渠道引导，为线下门店重新赋能；从线上引导到线下的客户，可以从后台数据获取其购物偏好、购买习惯、浏览记录等数据，有效提高成交率；无论消费者是否购买成功，当他离店后，林氏木业智慧门店还能够继续触达消费者；新品上市、有营销活动时，林氏木业还可以进行二次触达，增强黏性。

（4）时间多。

自助售卖机、自助货架以及无人便利店的推行，使人们可以24小时消费，避免消费者陷入非营业时间购物难的窘境。传统的人工式的营业店铺一般实行8小时工作制，而24小时人工便利店的增加虽增加了营业时间，但实际工作人员尤其是夜班人员的工作量与支付的工资并不成正比。无人售卖的推行既可以摆脱日益上涨的人工成本，又可以提供24小时服务，对公司来说无疑是一件好事。

综上所述，智慧门店的推行的确给线下门店带来很多好处，因技术辅助，降低成本的同时，人流量大幅提升；由于智慧门店推出组合销售以及引入数据和物流服务，可以培养品牌忠诚度，增加客户入店频次；随时跟踪客户消费习惯并引流客户进行精准营销，使消费者购买的产品数量增加；最后由于无人售卖模式的推广，使营业时间有效延长。作为良性循环，这又极大地推动了智慧门店的发展。

11.2.3 "四佳"：服务、体验、品牌、效果

（1）服务佳。

从消费者层面考虑，一方面，提供适合客户的商品，满足个性化需求，另一方面，根据消费者不同的购物习惯，提供不同的购物服务。

从商品个性化需求角度来说，针对不同的客户提供最适合的产品，最大化客户满意度。小米公司极关注用户的复购，如果18平方米的客厅适合55英寸的电视，就不会推销65英寸，因为员工没有KPI指标，他们完全基于用户的利益做推荐，不像传统卖场基于提成给消费者强制的推荐。在消费者中产生好的口碑，自然就会复购。

从针对性地提供导购服务角度来说，按照"千人千面"的原则提供合适服务。例如通过秦丝系统，喜欢自主选择商品的顾客，可以微信扫码，查看商品的详情、如何搭配以及价格和优惠信息，直接完成下单付款；老客户还可以直接关联到之前的消费记录，积分折扣、积分抵现等功能，不用担心顾客反感业务员的强行推销。

（2）体验佳。

体验佳主要指两方面：一是消费者购物过程的体验好，即由于科技进步，智慧门店提供的便捷智能服务明显优于传统店铺；二是消费者对店家提供的高质量产品和服务更加满意。

增强购物体验。通过引入超高频RFID技术，为顾客提供智能导购、智能试衣、批量收银等服务。Prada试衣间的智能屏幕可以识别衣服的RFID芯片，自动播放模特T台视频，与客户进行互动。迪卡侬成立自己的RFID公司——Embisphere，除了应用于库存和供应链管理之外，也在门店实现批量收银，减少消费者排队时间，提高效率。促进消费者对店家的产品和服务满意度方面，具体通过以下方式实现：

保证产品质量，通过压缩中间环节降低成本，标准化管理保证产品质量。盒马鲜生通过"从源头到餐桌"省去了大量中间环节，消费者享受到更为实惠的价格，"严把选品、质检、冷链关"，让产品质量有保障，从而吸引

大量消费者。

保证服务质量，通过将新技术引入店铺，分析数据了解客户特点，有针对性地提供服务。新零售首先把所有场景数据通过新一代信息技术和人工智能技术进行数据化，然后与原有的数据融合打通，使数据维度极大丰富，掌握360度的用户画像，比用户更了解用户，提高服务质量。

（3）品牌佳。

品牌佳可以是老品牌始终如一坚持的品质与服务在消费者中赢得的口碑，也可以是作为黑马的新品牌，凭先进的技术，最快的获得大量客户认可。

对老品牌来说，坚持始终如一的企业文化，会在客户心中形成持久的品牌效应，每每谈起此品牌，会自然想到该品牌的优势。比如小米，并非单店运营，而是单客运营，运营整个消费者，所以门店传承的是小米的口碑。口碑为王，本质上是一种用户的思维。对新品牌来说，凭借各方面渠道的传播，在短时间覆盖更多的用户群体，并满足其需求，可以快速提高品牌影响力。每日优鲜在社区"最后一公里"的范围内部署前置仓，最大化地提升零售效率，通过前置供应链和AI算法的应用，做到用户在家下单，全品类生鲜商品2小时内配送上门。行业格局呈集中化趋势，APP用户规模增长明显，凭借高品质的商品、跨界的配送服务，每日优鲜已经成为老百姓日常生活新"标配"。

（4）效果佳。

智慧门店通过传感设备、技术辅助、透明度提高等操作，可以提供便利的服务，提高工作人员的效率以及提升用户体验。

在提供便利服务方面，通过传感设备，按约定的协议将物品通过物联网域名建立连接，进行信息交换和通信，延伸和扩展到任何物品之间，做到消费者走出商店时自动结算、基于店内消费者数据全面分析的布局优化、店内实时分析提升消费者体验和减少库存遗失的客户追踪，根据消费者地点、过往消费记录实时进行个性化促销以及基于自动货架和库存监控补货的库存优化。

在提高服务效率方面，通过技术的辅助，大大减少了重复性工作。例如通过悠络客的门店点检功能，可以定时定点对所需要监测的区域自动截图，并统一将截图分配相关运营人员去执行点检。当图片过多情况下，可通过智能点检去重，查看"智能筛选"后的图片。该功能可极大地提高监察团队的巡查效率，减少巡店所需的差旅、时间、人力等成本。在提升用户体验方面，通过提高透明度，让顾客对商家提供的服务真正放心。由于4S店的不良服务，加上信息不对称的情况比较严重，车主们对于4S店不信任造成店家日常经营与开展营销活动的阻碍。途虎通过开放悠络客的视频接口，连接到客户的APP，让客户在修理过程中可以通过APP查看到自己车辆在维修工位的情况，营造透明的车间环境。

综上，智慧门店较传统门店，体现出服务佳、体验佳、品牌佳、效果佳的优势，对不同的顾客提供不同的服务，真正做到以人为本，更好地适应市场。

11.2.4 "四融合"：软硬、主业异业、渠道、运营

（1）软硬融合。

软硬融合指将硬件与软件结合起来，通过技术手段，既可以服务门店，让门店更好地了解信息，又可服务消费者，帮助消费者获得更好的消费体验。

软硬融合使门店可以跟踪消费者信息，帮助门店有针对性地营销顾客。以有生品见为例，消费者走进店里，门口顶部多台智能摄像头可以实时监控进店客户的信息及客流轨迹，帮助商家直观了解店内各区域的人流密度、停留时长，并分析不同性别、年龄对于不同商品的喜好程度，为选品提供数据化的科学参考。

软硬融合使消费者获取智能化购物体验，提升效率。有生品见采用了开放式的店铺设计，大量应用超新的前沿科技，店内商品配备了RFID电子标签，在仓储、物流、配货、陈列等商品流通环节全面应用，极大提升了店铺

运营效率，另外RFID无感收银柜台支持快速自助结账，缩短了消费者排队结账的时间。

（2）主业与异业融合。

智慧门店的逻辑是从人出发的，以更加智能的方式了解人的需求后，再通过产品、物流等方式进行满足，盒马鲜生是一个典型的例子。之所以称为新的物种，是因为它融合了超市、仓储、餐饮，甚至卖应急药品，其背后是对人的诉求的洞察，是要打造"3公里理想生活圈"。并不是店里有什么消费者才能买什么，而是消费者有什么需求店里就提供什么样的服务。这是阿里巴巴提出新零售重构"人—货—场"三要素的关键所在。

（3）渠道融合。

公司可以利用不同的渠道，水平层面进入更多的市场，垂直层面打通供应商和分销商，提高公司在行业的优势。

水平层面，运用更多的新媒体平台，通过大量的营销手段，可以有效提高覆盖的用户量。国内网红孵化公司以网络红人为核心，依托于数据分析能力、供应链后端支撑和公司运营管理的能力，以微博、微信等社交平台为流量入口，与淘宝、京东等电商平台相结合，形成完整的产业闭环。美空旗下签约"90后"的美妆红人王岳鹏，公司结合红人从业背景，在全球选择优质美状护肤产品，为其量身打造NIKO BRAVO红人店铺。2017年双十一预热，店铺第一次直播上新，就创下24小时破180万元交易额的优异成绩。

垂直层面，利用数据和智能化打通上下游的业务单元，将其纳入整个业务体系，快速实现渠道转型升级，获得规模优势。零售通作为智能分销平台，渠道一端有品牌商、经销商，另一端有正加入天猫引领的、以新数据化为特征的几百万零售小店，像维军超市已升级为天猫小店。

（4）运营融合。

运营方式不同的公司可以彼此取长补短，利用合作伙伴的优势，借助"搭便车"，顺利扩大运营范围。沃尔玛选择与京东合作，因为京东拥有成熟的物流、仓储体系。线上负责发现消费需求、归集消费需求，线下负责打通"最后一公里"，通过即时配送、售后来满足、响应消费需求，形成一个完美的闭合生态链条。在沃尔玛2016年业绩发布会上，沃尔玛亚洲及中国总裁兼首席执行官岳明德表示，2016年是沃尔玛近5年来业绩表现最好的一年，2017年则是加速业务融合发展的一年。"我们将继续推进与京东的战略合作和全渠道发展，为顾客提供线上购物、送货上门、移动支付等多种解决方案，提升线上线下无缝连接的顾客购物体验"。沃尔玛与京东的合作模式值得期待。

综上，智慧门店主要通过软硬融合提高技术能力、主业异业融合渗透不同行业、渠道融合进入不同的销售渠道、运营融合彼此借鉴等方式运营，全方位利用资源，使智慧门店的影响力逐步增强。

12. 十步轻松打造智慧门店

智慧门店是围绕"人—货—场"零售新理念提出的,打造智慧门店的关键在于对智慧门店内涵的透彻解读,面向新零售应建设具备"智慧的选址布局""智慧的形象品牌""智慧的功能业态""智慧的设施系统""智慧的现场运营"及"智慧的班组建设"这六大内涵的智慧门店。

12.1 智慧化选址布局

门店所处的位置决定了门店周边的商业环境,商业环境的不同同样影响着门店覆盖范围内消费水平和大致的需求偏好。因此,精确化、定制化选址显得尤为重要。

智慧门店的选址布局普遍采用周边业态调研方式,即利用大数据技术对门店1~3公里商务楼宇、购物商场、社区、校园、交通枢纽等分布情况及竞争对手情况进行全方位扫描从而确立最佳的选址方案。

门店按照面积规模大体分为旗舰店、特定商圈店及标准店三种形式,三家店的选址也大有不同。例如旗舰店通常选址布局在核心地标地段,是以彰显企业品牌为主的转型前沿门店;特定商圈店因应2公里内特定区域属性(学校、工厂等),功能加载有所侧重;标准店则是覆盖重点区域、包含商企、个人业务,以服务、销售为主的门店。

建议门店在产品布局方面应依托丰富的产品类型因地制宜地进行功能区划分，围绕娱乐、办公、休闲等不同人群的个性化需求进行高度还原的场景化布局和经营，大胆探索引入咖啡、配件DIY、餐饮等新业态，借此实现延长客户厅内逗留时间的目的。

12.2　形象设计动态匹配需求

对于任何一家智慧门店而言，智慧化的形象品牌囊括多种方面，如设计理念到室外形象，店面室内风格到家具硬件。而这些方面都应兼具时尚性与实用性。品牌形象对于智慧门店的运营更有举足轻重的作用，有调查表明门店高峰时段的客流量增长幅度日趋放缓的主要因素在于其形象品牌设计过于呆板、缺乏创新性、无法深入人心，从而无法吸引到持续不断的进店客流。

门店的布置要凸显品牌的价值理念。在装修风格上坚持简约风，主色调与自身品牌保持高度统一，其中，格调较高实木家具成为普遍选择。除此之外，门店面积较为宽敞，借助多玻璃设置或宽阔门头设计营造出门店的通透感，通过多方案的光影屏或灯光营造出或明亮、或酷炫、或温馨的氛围，极大提升了客户的体验感知。

在门店形象设计方面，突破现有的VI规范，大胆融入新颖潮流元素，同时也要与自身主题保持高度一致性，从而体现创造性与前瞻性，改变在用户心中的固有品牌形象。例如可以采用多玻璃设置或宽阔门头设计，营造出门店的通透感。

12.3　功能布局满足情感需求

传统门店通常各区没有清晰的界定，而智慧门店却需要兼顾实效性与体验性，将传统门店打造出不同场景。大致上划分成三个区域：销售区、体验区及服务区。销售区即对于终端产品及配件产品的销售领域；体验区是对于泛智能终端设备及应用展示体验；而服务区则是提供全套的咨询服务及业务办理。

应关注场景化营销模式，在销售、体验、服务三大重点区域设计营销体验场景，确保客户在门店的任何一个角落均可置身于个性化场景之中，强化对产品、服务的直观感知，全面提升全流程体验，促进销售达成。

12.4　黑科技全面赋能

对于任何门店而言，新型、科技化的设备装置或系统设施不仅仅能帮助门店提升客流量，而且更能突出体现门店的智慧化、科技化经营理念。从营销到场景再到技术，从智能选址到智能选品再到智能库存，新型设备将极大提升效率，改善用户体验。

智慧门需要将先进技术引入作为提升用户体验、提高运营效率和管理效能的主要抓手，通过全息屏、大数据、人脸识别、低功耗蓝牙、运动传感器、WiFi探针、手势识别、电子价签和智能广告牌等新技术的引入，一方面可以激发用户的好奇心，另一方面也为内部沉淀用户数据和改进运营模式提供助力，应以开放的心态，在引用新技术、新应用方面积极主动地与合作伙伴展开合作，全力赋能线下门店。

12.5　业务办理流畅协同

互联网化业务办理模式：围绕客户决策缩短流程。

智慧门店的现场运营要覆盖用户全消费流程，强化线上APP与线下门店高度融合的必要性。大体上可以将整个流程划分为三个阶段。

到厅前：建设门店线上开店支撑需求触发，借助大数据系统汇聚线上线下客户数据，并关联常客到厅，基于新客户画像，定制化、智能化推送内容，此外，提供用户线上排号和预约服务。

到厅中：相关人员到厅接待，核对客户信息（消费轨迹及客户需求），其信息应在到店前同步上传至设备中，基于这些需求信息为客户精准化推荐，并引领其进行体验，体验完成后，若用户满意，提供多样式的支付工具与取货方式。

离店后：建立完善的用户服务跟踪和评价体系模型，实现营销的闭环管理。

新型智慧门店，应积极借鉴成功实践经验，引进轻量化业务理念，设计出符合门店的互联网化业务办理方案，从而提升用户满意度。基于目前国内大多数门店在业务办理方面流程烦琐，等待时间冗长，导致用户满意度较低的运营状况，智慧门店需要从引入轻量化的体积小、便携式设备入手，将座席人员解放出来，使其在处理业务的同时，也能兼顾其他，达到走动式营销的目的。此外，多方位与互联网科技公司合作，打通线上、线下的服务流、信息流、物流及资金流，为客户提供完善的OMO体验。

12.6　团队建设持续高效

智慧化运营管理对于任何一家智慧门店的打造都显得尤为重要，对于店内员工的动态排班调度、能力培训常态化、人员激励多元化更是一家门店智慧化管理的核心要素。

智慧班组分工专业化：

搭建一个智慧化的班组建设，核心在于对于智慧门店的精准定位及功能形态的深入理解。智慧的班组建设将以用户的长期痛点为切入口，按照门店的不同业务形态而设置诸如厅经理、值班经理、迎宾导购、营销服务人员、业务受理员、异业专区人员等岗位，各岗位人员专业分工、各司其职，在各关键环节及区位，为客户创造优质的在厅体验。各岗位设立方式如下：

厅经理1名通常是由公司委派的全职人员，其主要职责是全面主持门店的各项经营、管理工作。

值班经理1名，通常是由门店内自有人员轮岗，其主要职责是在做好本职工作的同时，协助厅经理做好门店的现场管理。

迎宾导购人员1名，通常是由门店内自有人员轮岗，全职；其主要职责是负责迎宾接待，根据客户进厅需求引导至相应功能区域。

营销服务人员3名，由门店内自有人员轮岗，全职；其主要职责是协助客户完成体验、销售，使用手持Pad办理简单业务。

业务受理人员3名，由门店内自有人员轮岗，全职，固定座席；为用户办理长流程、复杂业务。

异业专区人员若干，由异业合作伙伴委派，接受门店统一管理，做好本区域的客户体验、销售工作，并配合门店内其他活动。

智慧班组管理在明确持证上岗、周期轮换、分忙闲时、抓关键点、确保客户舒适五大原则的基础上，以智能排班系统为支撑，实现智慧门店智能化动态排班调度。

12.7　十步轻松玩转智慧门店

要选好店址，要更好地满足客户需求，要引入炫酷的科技手段，要把"人—货—场"数字化，要实现高效的运营管理，等等，那么打造智慧门店是一个系统工程，需要从头到尾的全流程智慧化运作方能实现。

第一步，要借助智慧化的大数据系统，辅以传统的选址模型，实现门店选址的智慧化；

第二步，以"提升用户感知与价值宣传"为目标，通过科技化、数字化、智能化的风格来做好门店的VI设计；

第三步，区别于传统门店侧重销售的功能，智慧门店应融合体验、销售和服务三种功能，承载用户不同的需求；

第四步，在产品品类管理上要做到品类精准定位、丰富产品品类和场景化品类组合；

第五步，产品的展示陈列要新颖，具有更大的吸引力和更优的客户体验；

第六步，在客户服务的时间需求上，通过智能动态调配，最大化满足客户需求，同时通过多样化的自助设备和智能设施满足客户在非工作时间的全天候需求；

第七步，要通过客户信息的收集、整理、画像，达到精准识别、精准营销的目的，实现客户管理的智慧化；

第八步，全面优化流程的顺畅性，提升客户体验；

第九步，要通过人员的培训考核激励、团队建设等提升专业化能力；

第十步，智慧门店必须要用黑科技全面提升，从前端的识别技术、到体验类的技术、到数字化技术、到支付端的技术，要逐步引入前沿科技，提高智慧门店的科技感。

13. 门店选址与大数据相得益彰

合理的门店布局对全面覆盖目标客户、高效响应客户服务非常重要，同时门店的位置合适与否，直接影响到单店的效益提升。因此，在选址的过程中需要通过严谨、周密的商业分析来确定最优的门店选址。

按照实施步骤将门店选址分为圈定聚客点、构建选址模型、开展调研、综合打分、拟定位置几大步骤。

同时，近几年随着定位技术、互联网大数据的完善，通过大数据直接选址的准确性和高效性越发明显，门店在选址的过程中要传统方法与大数据选址相结合。

13.1 找到客户"集中营"

到店人流量是为门店带来效益客户的来源。实体门店若想经营良好，首要前提是关注人流量，只有拥有更高的人流量才有可能带来更多收益。

其中，利用大数据测量人流，是门店吸纳更多人流的重要技术手段。通过对人流历史数据的深入挖掘与分析，可为店铺选址、布置广告、开展促销、调整员工职能、优化门店产品摆放及库存、安全预警等提供重要依据。具体来说，可以分为以下几个方面：

（1）地点决策：通过对进出人流的统计分析，可合理地为店铺或者商品摆放选择合理位置；可以客观地决定店铺的租金水平；可合理地布置广告位置、促销位置，确保辐射更多客户。

（2）人口决策：从职员角度来说，通过对进出人流的统计分析，可以调整职工数量及工作与轮休时间，合理分工并且在恰当时间安排人员培训，保证既不一人多岗又不多人一岗的无效运营状态；从客户角度来说，通过对进出人流的统计分析，可以了解公司的目标客户群体特征、购买偏好、习惯等信息，及时调整门店商品摆放，并定时推送客户感兴趣的商品及代金券，提高门店对客户的吸引力。

（3）安全决策：通过对进出人流的统计分析，作为重要的预警手段，可以有效防止人群拥挤、踩踏事故的发生。

因此，人流量统计是深入分析市场的科学基础，是编排调整员工的重要依据，是决策制定与评估的有力工具。有效的人流量估计，可使企业及时调整运营偏误，合理进行市场决策，从而提高门店运营效能，进一步扩大市场占有率。

人流测量的必要性使线下门店将人流量作为考核的重要指标。随着高科技的发展，人流测量工具越来越多样化。

（4）红外感应：当顾客从红外感应区经过时，由于切断或阻挡红外线，会使红外感应设备产生电阻变化，从而记录客户流量；此外，红外感应设备也可以通过检测人体发出的10微米左右的特定红外线来判断经过的人体数量。

使用红外感应统计客流，成本适中，可以在人们自由进出门口时，自动获取客流数据。但是红外客流计数的方式在大型的客流密集的地方容易产生误差，因为它非常容易受到外界因素的干扰，例如临近物体的热辐射。而且，红外感应只能判断人体的经过，并无法识别顾客是走入还是走出。

（5）摄像头：通过安装在区域内的摄像头拍摄画面，应用人脸识别技术捕捉并识别人脸，从而统计门店的客户数量。

人脸识别可以判定顾客是进入还是走出，以及顾客的年龄、性别、表情等详细的信息。它识别度更高，精准有效，并且可以识别到顾客更多的属性。但是由于信息量巨大，会占用大量储存空间，并且，详细识别每一个客户，会导致统计效率低下。

（6）WiFi探针：WiFi探针可以识别顾客的手机WiFi信号，然后通过手机的MAC采集到线下行为轨迹，例如顾客去了哪些地方，去了几次等。

较之其他方法，WiFi探针对地理位置有精准的监测，而且可以获取到用户的实际行为轨迹。但是，如果手机没有打开WiFi功能，它就无法识别到客户信息，此外，老人小孩等不常用手机的顾客也无法被收集信息。

（7）IBeacon：IBeacon是一项低耗能蓝牙技术，工作原理类似之前的蓝牙技术，由iBeacon发射信号，顾客的iOS设备定位接受，反馈信号。只要是支持BLE的设备就可以接收到信号，是一项简单的定位技术。但是，这项技术并不能仔细推断距离，而只采用贴近(Immediate)、1米以内(Near)、1米以上(Far)三种距离状态。

IBeacon对人流量的测量可以在手机后台运行，即使APP在后台运行或者手机锁屏，依然有不同的应用通知监听APP(用户)进入/退出该区。Beacon传输的最大射程取决于位置、现场布置、障碍物(例如在一个皮革手袋或厚情况下)，因而障碍物过多会影响该技术的效果。

（8）IOT设备：即物联网设备，通过物联网传感技术，客户凭手机APP扫码进店，入口摄像头对顾客进行人脸识别。消费者在货架停留，摄像头会捕捉并记录他们拿起的商品，同时装配在货架上的摄像头通过手势进行辅助识别。店内麦克风根据环境声音判断消费者所处位置，并以此为辅助依据进行店内地图绘制。货架上的红外传感器、压力感应装置以及荷载传感器用以记录消费者取走了哪些商品或放回哪些商品，并将数据传给后台。最后，出口传感器扫描记录购买商品并根据后台数据辅助确认，同时自动结算。

IOT设备对客户进行更详细的追踪，将多种工具结合在一起，全面收集客户的购物信息但是该设备对技术的要求较高，而且比任意单一工具的应用成本高。

在人流测量的基础上圈定聚客点，结合某类商圈的特点，根据商圈结构，综合经验感知，在该商圈选出3~5个核心聚客点。聚客点选取应满足最基本的要求即充足的客流，选取时主要通过三点体现：临近商圈内的核心聚客区域、处于客流主动线上（通向商圈内核心区域的客流量消费走向的街道）、在主道路两旁易于寻找或到达的位置。在具体位置的选择上首选商圈中心区域，次选商圈入口主干路，再次选商圈内步行/车行主道路。

13.2　观察周边"软硬件"

门店选址需要综合考虑地理位置、物业设施、人口情况、竞争态势以及门店覆盖情况等因素，搭建综合性的定量评估模型。

地理位置：考察所在区域的交通情况，具体包括公交车、地铁站点线路数以及是否位于客流主动线；考察所在区域的聚客情况、大型商超以及手机营服区域等情况。

物业设施：整体考虑所在区域内的物业租金状况、商业发展氛围、配套设施的完善程度等，综合评估其现在以及未来的发展趋势，确保门店与周围环境的协调一致。

人口情况：综合考察所在区域内的人口特征，包括人口的总体数量、人口密度、顾客逗留时间、消费能力以及消费目的等细分指标来确定商圈内的客流情况。

竞争态势：考察所在区域内同业、异业竞争对手的门店布局位置、营业面积、员工数量等，以此对竞争对手情况进行综合打分。

门店覆盖：考察与已有门店的距离，此外还要包括顾客的到店时间、门店布局来综合选取门店选址的位置，其中门店布局是指门店内部构造。

13.2.1　影响指标说明表

我们会对一级指标下的二级指标进行打分，二级指标影响因素涉及范围很广，在此，我们严格按照下列说明对二级指标进行评估，如表13-1所示。

表13-1　影响指标说明

一级指标	二级指标	影响因素指标说明
地理位置	公交车、地铁站点数	指商圈内公交车、地铁站点线路数量的多少
	客流的主动线	指预设门店的位置是否位于引导客人实现消费活动走向的主要通道一侧
	商圈聚客情况好坏	指商圈能够吸引到的客流情况以及客流能在此进行商业消费的氛围好坏等，也即能够带来潜在消费客户的多少
	商圈大型商超数量	指商圈内大型商厦以及超市数量的多少
	手机营服集中区域	指预备建店的地址是否处于手机卖场或手机营服集中的区域，例如手机电子一条街等
物业设施	物业租金状况	指商圈内的物业租金当前和未来的发展趋势，同时需要考虑租金谈判的难易程度
	店前人行道宽度	指商圈的商店店前人行道的宽度，是否方便进行路演和相关宣传活动的开展
	商业发展氛围	指商圈的商业发展设施的互补性和活跃度（例如大型商场带动的整体消费氛围的出现）
	配套设施完善程度	指商圈的水电等物业配套服务设施的完善程度
人口情况	总体数量	指商圈以及商圈周边的人口总体数量
	人口密度	指商圈的人口密度（商圈人口／商圈面积）
	客户逗留时间	指商圈的客流逗留时间长短，主要是指顾客的驻店时间长短
	消费能力	指商圈或周边顾客的消费能够达到的水平
	消费目的	指消费者的主要消费目的实现后是否会有电信业务体验消费的意愿，以及意愿是否强烈
竞争态势	门店位置	指商圈的竞争对手的门店位置以及竞争对手所处位置的优劣
	营业面积	指预设门店的店铺面积，主要指实际营业面积，不包括店外停车场等的面积
	员工数量	指预设门店的员工数量，只计算正式员工数量
	竞争对手情况	指圈内竞争对手的营业状况，可以从销售额、客流量等方面考虑
门店覆盖	与已有门店距离	指预选址门店位置与商圈内已有门店位置的距离远近
	到店时间	指顾客从所处地理位置到门店接受服务前所花费的时间总和
	门店结构	指门店内部构造，是否利于公司作为门店，包括可进入性、台柱、层高、户型、进深宽度、出入口接待、主副通道宽度、门店朝向等

13.2.2 权重说明表

门店选址过程中，不同类型的门店对一级指标的赋权各有侧重，旗舰店更关注地理位置，标准店着重关注人口情况，加盟店强调竞争态势和门店覆盖，但无论如何赋权，所有权重的最终加总为100，具体的权重详见表13-2。

表13-2 权重说明

一级指标	二级指标	一级指标	旗舰店加权	一级指标	标准店加权	一级指标	标准店加权
地理位置	公交车、地铁站点数	30	5	25	4	20	3
	客流的主动线		7		6		5
	商圈聚客情况好坏		8		7		5
	商圈大型商超数量		3		3		4
	手机营服集中区域		7		5		3
物业设施	物业租金状况	15	4	10	3	10	3
	店前人行道宽度		3		2		2
	商业发展氛围		4		3		3
	配套设施完善程度		4		2		2
人口情况	总体数量	25	4	30	5	30	5
	人口密度		5		5		4
	客户逗留时间		6		7		7
	消费能力		5		7		7
	消费目的		5		6		7
竞争态势	门店位置	20	6	20	5	25	6
	营业面积		4		4		8
	员工数量		6		7		7
	竞争对手情况		4		4		4
门店覆盖	与已有门店距离	10	3	15	5	15	3
	到店时间		3		4		5
	门店结构		4		6		7

在门店选址过程中，必须派专人进行实地调研，确保相关数据、信息为一手实际测量数据，而非经验印象数据。具体来说，注意以下几个方面：

● 实地调研人员最好为本片区实体渠道工作人员，了解一线业务情况及区域市场情况，可以在最短时间内得到相关数据和信息

● 定性评估相关信息必须由熟悉区域市场情况的一线业务人员填写，可以保证定性的信息相对客观准确

● 在实地调研过程中注意收集预选店铺信息，为后续选店面奠定基础

13.2.3　实地调研评估方式

通过指标得分说明表，对每项指标进行打分，通过一系列计算可以获得最终得分。最终得分区间位于0~10之间，当候选位置最终评分≥6分，可设立实体门店；候选位置最终评分≥8分，该地可被认为渠道覆盖空白点，必须新增实体渠道覆盖。

门店选址需要对各个指标因素进行打分，每项指标分值区间为1~10，越符合条件分值越高，据此统计各预选位置的得分情况，如表13-3所示。

表13-3　影响因素打分说明

一级指标	二级指标	影响因素指标打分说明（每项指标分值区间皆为1~10分）
地理位置	公交车、地铁站点数	根据商圈内公交车、地铁站点线路数量的多少来评价打分。例如：0个打分为1；1~2个打分为5；3个及以上打分为10
	客流的主动线	根据预设门店是否位于引导客人实现消费活动走向的通道一侧来进行综合评价。例如：未位于主动线上打分为1~5；位于主动线上打分为5~10
	商圈聚客情况好坏	根据商圈聚客量的多少来评价打分。例如：2000人以下打分为3；2000~4000人打分为5；4000人及以上打分为10
	商圈大型商超数量	根据商圈内大型商厦超市数量的多少来评价打分。例如：0个打分为1；1~3个打分为5；3~5个打分为8；5个及以上打分为10
	手机营服集中区域	根据地址是否处于手机卖场集中的区域（例如手机一条街）打分，位于卖场集中区域的可适当加分。例如：未处于手机卖场集中区域打分为1~5；处于手机卖场集中区域打分为5~10

一级指标	二级指标	影响因素指标打分说明（每项指标分值区间皆为 1~10 分）
物业设施	物业租金状况	根据商圈内的物业租金当前和未来的发展趋势以及谈判难度进行综合评价。例如：差打分为 1；一般打分为 5；良好打分为 8；好打分为 10
	店前人行道宽度	根据商圈内的商店店前人行道的宽度进行综合评价。例如：1 米以内打分为 1；1~3 米打分为 5；3~5 米打分为 10
	商业发展氛围	根据商圈内的商业发展情况的互补性和活跃度综合评价。例如：差打分为 1；一般打分为 5；良好打分为 8；好打分为 10
	配套设施完善程度	根据商圈内的水电等配套服务设施的完善程度进行综合评价。例如：差打分为 1；一般打分为 5；良好打分为 8；好打分为 10
人口情况	总体数量	根据商圈内及周围的人口总体数量进行综合评价。例如：10000 人以下打分为 3；10000~30000 人打分为 5；30000 人及以上打分为 10
	人口密度	根据商圈内的人口密度进行综合评价。例如：5000 人以下打分为 3；5000~8000 人打分为 5；8000 人及以上打分为 10
	客户逗留时间	根据商圈内的客流逗留时间长短来进行综合评价。例如：5~10 分钟打分为 1；10~30 分钟打分为 5；30~60 分钟打分为 8；60 分钟以上打分为 10
	消费能力	根据顾客消费能力进行评价。例如：50 元以下打分为 1；50~100 元打分为 3；100~200 元打分为 5；200~500 元打分为 8；500 元以上打分为 10
	消费目的	根据商圈内消费者的主要消费目的实现后是否会有电信业务体验消费的意愿来评价。例如：意愿较弱打分为 1；意愿一般打分为 5；意愿强烈打分为 10
竞争态势	门店位置	根据商圈内的竞争对手的门店位置优劣来进行综合评价。例如：差打分为 1；一般打分为 5；较好打分为 8；好打分为 10
	营业面积	根据门店面积等进行评价。例如：50 平方米以下打分为 3；50~200 平方米打分为 5；200 平方米以上打分为 10
	员工数量	根据门店员工数量进行评价。例如：5 人以下打分为 3；5~10 人打分为 5；10 人以上打分为 10
	竞争对手情况	根据圈内竞争对手的销售额与客流量等进行综合评价。例如：差打分为 1；一般打分为 5；较好打分为 8；好打分为 10
门店覆盖	与已有门店距离	根据与商圈内已有门店的距离远近等进行综合评价。例如：1000 米以内打分为 3；1000~2000 米打分为 5；2000 米以上打分为 8

一级指标	二级指标	影响因素指标打分说明（每项指标分值区间皆为1~10分）
门店覆盖	到店时间	根据顾客到达门店所需时间等进行综合评价。例如：40分钟以上打分为1；20~40分钟打分为5；10~20分钟打分为8；10分钟内打分为10
	门店结构	根据预选门店房屋布局结构的合理程度和便利程度等进行综合评价。例如：差打分为1；一般打分为5；良好打分为8；好打分为10

针对指标得分说明表中不同指标的得分情况以及权重说明表中的权重，得到加权总分，将加权总分除以100，获得最终得分。最终得分区间位于0~10，当候选位置最终评分达到6分（≥），可设立实体门店；候选位置最终评分达到8分（≥），该地可被认为渠道覆盖空白点，必须新增实体渠道覆盖，详见表13-4。

以旗舰店为例，通过对各指标进行打分，然后与旗舰店的权重进行加权，将得到的含权分加总后除以100，获得最终得分为6.05，因此可以在该地设立实体门店。

表13-4　指标加权评分与应用

一级指标	二级指标	一级指标加权	旗舰店加权	指标打分（1~10）	含权分	最终评分与应用
地理位置	公交车、地铁站点数	30	5	5	25	候选位置最终评分。Σ所有指标含权分/100以该候选位置为例，所有指标含权分加总为605。最终评分为6.05。
	客流的主动线		7	6	42	
	商圈聚客情况好坏		8	5	40	
	商圈大型商超数量		3	10	30	
	手机营服集中区域		7	8	56	
物业设施	物业租金状况	15	4	3	12	
	店前人行道宽度		3	5	15	
	商业发展氛围		4	8	32	
	配套设施完善程度		4	8	32	
人口情况	总体数量	25	4	3	12	
	人口密度		5	3	15	
	客户逗留时间		6	10	60	

续表

一级指标	二级指标	一级指标	旗舰店加权	指标打分（1~10）	含权分	最终评分与应用
人口情况	消费能力	25	5	5	25	候选位置最终评分达到6分（≥），可设立实体门店；候选位置最终评分达到8分（≥），该点可被认为是渠道覆盖空白点，必须新增实体渠道覆盖
	消费目的		5	5	25	
竞争态势	门店位置	20	6	8	48	
	营业面积		4	8	32	
	员工数量		6	6	36	
	竞争对手情况		4	3	12	
门店覆盖	与已有门店距离	10	3	3	9	
	到店时间		3	5	15	
	门店结构		4	8	32	

13.3 大数据"优中选优"

选址是新零售时代智慧门店线下的重要且必需环节，好的位置能够为客户带来便捷的体验和消费场所，也能够为企业带来可观的客流和营业额，成为智慧门店的天然空间壁垒和有形竞争优势。

传统门店选址主要由专业团队依靠人为经验判断或简单的数据分析来确定，但随着市场环境的剧烈、加速变化，经验式、粗暴式的选址方式已越来越难以达到门店预期的销售额，甚至会造成一定经济损失。

大数据正逐渐成为门店选址的利器，帮助门店从跟随友商式的模式向优质区位优选模式演进、从商圈宏观客流研究模式向潜客深入挖掘模式演进、从研究汇报模式向直抵根源的营业额预测方向模式演进。阿里巴巴、京东、小米等互联网公司的新零售门店选址，即是依赖于广泛获取的位置、时间、舆情、用户行为等大数据信息，通过建模、分析、评估，为选址提供科学的决策依据，有效降低人为经验判断出现的局限和偏差，提升门店的经营效能。

当前，门店选址数据主要包括四个信息层面，分别是顾客消费生活偏好需求等详细画像信息、顾客年龄性别等基础人口信息、商圈交通设施及竞争对手数量等信息、地理位置基本信息。其中，前三个方面的信息依赖于传统手段也可以获得，但往往获取成本高、效率低且数据源较少，无法准确反映门店选址这一复杂行为。地理位置基本信息包括商圈位置、用户位置、供应商位置、产品位置等多个方面，由于各方面均存在着动态变化的特性，如何较为准确地判定出相关信息，就是一项较为困难的事情。只有依赖于大数据挖掘、分析能力，才可能实现上述信息的高效、精准地抓取。

在具体选址操作方面，市面上已经涌现出大量不同的选址服务公司，为企业提供智能选址工具或平台。但大体上主要分为三类，一是以百度为代表，以技术为核心优势；二是以阿里、腾讯为代表，以全量数据为核心优势；三是以美团为代表，以细分领域深耕为核心优势。

13.3.1 以"技"取胜——百度

百度作为全球最大的中文搜索引擎、中国最大的移动分发平台及视频播放平台，各维度数据成功构筑百度的大数据仓库。结合其不断积累的深度学习算法、数据建模、大数据GPU并行化平台等技术，为门店科学选址提供决策支持。

第一，基于用户需求。百度大数据实验室主要通过挖掘线上移动端数据检索数据量化，可将有直接服务需求的用户予以反馈。这避免了传统人群画像方法带来的误差。比如，在传统人群画像中，消费星巴克咖啡的大多为商务人士。但按照基于用户需求的方式，会发现中学生其实也构成星巴克消费的一大群体。

第二，基于用户需求后的步步优化路径。当用户给出需求为覆盖的大概区域后，百度将结合机器学习优化算法，融合将不同类型的约束，如空间、时间、交通资源、周围网点等信息逐渐缩小范围，最终给客户提供优化后的网点候选位置。

13.3.2　以"量"取胜——阿里、腾讯

阿里巴巴在全国拥有超过14亿的热点，是全球领先的全域数据服务商。能收集到超7亿用户线上线下的全域数据，同时基于其拥有的强大数据计算和处理能力、大数据产品体系等，助力实体零售简单、精准、高效选址。

腾讯联合国内领先的数据智能服务商TalkingData，于2018年5月25日在"2018云+未来峰会"上正式发布面向线下品牌商的数据智能选址产品——智选，旨在将海量数据与机器学习有机结合，帮助解决实体门店选址、商圈经营等场景问题。通过综合考量全城市每个区块区位的客流、人口规模、意向客群浓度、区位商业浓度氛围、周边临近竞争形势等，基于"智选"强大数据能力，全方位、深度分析选址意向区域，推荐选址点可精确至百米街道级别。

13.3.3　以"专"取胜——美团

美团于2017年5月发布"黄金眼"，致力于为餐饮企业提供"一站式"大数据选址平台。美团沉淀了2014年过亿用户的相关数据，包括大量用户、商家、菜品、客流量、地理位置等整个餐饮行业的全方位信息，通过互联网技术创新，利用大数据技术对商业环境、消费趋势、用户画像、周边商户画像等方面进行详尽的分析，从而输出最佳选址点，同时，还将评估企业的销售额以及成本回收周期，为其提供重要的参考及借鉴，帮助餐饮企业改善经营困境，盘活餐饮市场。

14. 科技化、智能化形象塑造

以"提升用户感知与价值宣传"为目标，充分借鉴国内外先进企业在门店设计的成功经验，打造门店智慧化的品牌形象。打造活力、时尚的新形象，改变人们对传统门店的认知，整体风格偏向科技、数字、智能风格，提升用户新奇感和价值感。

室外形象的门头牌匾以"数字化"门店宣传标识，突出数字、智能生活体验。

室内风格要打造视、听、味一体化的场景感知。在视觉上各场景区域均有特定的主题风格，营造差异化的视觉体验；听觉上门店内播放背景音乐，让客户享受到心灵的共鸣；味觉上可以借鉴咖啡场景，提供定制级的味觉享受。

在硬件层面要多元素融合，突出创意、交互。橱窗及体验区都有效利用互动屏幕及创意导台提升客户体验感知，同时也采用360度全景或VR全景（实景），提升互动演示效果。

14.1 理念紧跟时代潮流

最近10年，无论在公园绿地、主题园区、住宅小区，还是在酒吧书房、办公楼宇、商场酒店，艺术和设计的理念悄无声息地融入到了人们的工作和生活中。在城市中，中产阶层的生活品位发生了悄然变化，都市化的时尚和设计元素越来越多地被消费者所重视，文化艺术消费结构和品质的升级转型也慢慢开始步入轨道。

越来越多的实体店愿意为门店设计投入更多，大到麦当劳、肯德基这样的国际大型连锁品牌，小到各类买手店、零售店铺，都在大力推广门店改造，它已成为品牌年轻化和差异化中的一部分，成为未来零售门店设计的发展趋势。

目前门店的一般特点是：①门店的设计处理上尽可能地简洁，以方便顾客挑选商品，商品展陈列和道具设计则成了其设计的重点。②消费者在改变，文化、情怀和价格一样重要。③"90后""00后"的消费力量逐渐崛起，他们所看重的独特个性化和整体艺术化打破了以往千篇一律的设计风格，同时他们所追随的各类时尚潮流也被越来越多的商家视为获利的法宝。

以通信门店来说，除了传统销售手机和平板电脑区域外，门店还应体现科技、新潮和有趣的感官体验，比如布置虚拟现实体验区为用户打造一个浸入式的体验环境；部署"智能机器人"，具备智能对话及即时互动功能，能够向客户推介最新服务、优惠及最新手机配件，为客户带来互动及有趣的门店体验；店面的空间设计及墙壁设计具备时尚、科技感；等等。

14.2　风格以人为本

门店要能体现公司理念，新零售背景下，门店往往需要起到"最后一公里"的作用。根据周围客户的消费者画像，围绕消费者需求布置室内风格是需要考虑的。

随着社交时代与体验经济的到来，商业空间设计更加注重以人为本。人性化的商业空间更加注重体验，满足人在消费环境中的交流、休闲、娱乐、审美等心理需求和精神体验。同时主力消费人群在变："80后""90后"新生力量人成为了社会的高消费主流。如何突破现有的展示体制框架结构，打造多功能个性化经营场所，成为商业空间设计领域最大的挑战。

以校园内通信门店为例，校园商业空间由于其特殊的地理位置和受众人群，对于亲和力、交互性、社交性、文化性的需求更高。同时校园商业空间也有其自身特点，如固定的销售周期，学生进店时间规律（运营时间），销售行为多产生于店外（销售模式）等。如何更加有效地利用空间，吸引更多的学生进店，同时满足学生多样性的文化消费需求，成为校园商业空间亟待解决的问题。

门店要能够满足学生群体在消费环境中的交流、休闲、娱乐、审美等心理需求和精神体验，改变过去商业空间枯燥乏味、呆板单一的形象，突破现有的展示体制框架结构，打造多功能个性化经营场所，实现多业态融合模式的连锁零售终端，满足多样性的文化消费需求，从而增加消费者黏性。比如，打造可变的陈列道具、可变的沟通系统、可变的产品组货，达到零售业态可变，桌椅随需搭配，主题电影放映、学生活动使用、产品陈列等，周末可组织电子竞技比赛，使门店不仅仅是门店，还可以成为学生学习、休闲、活动的场所。

永辉超级物种运用极具视觉冲击力的色彩突出品牌名称，通过错综有致的小图标生动展示在售商品、打造时尚活泼的品牌形象；入口处使用可视性极高的玻璃墙，使店内整齐的货柜、热闹的人流成为最生动的引流宣传媒介。

整洁大气的入口形象：LOGO采用简洁发光字，字体鲜明光线柔和，入口处无遮挡物，整体形象简洁大气、干净舒适，如图14-1所示。

生动的引流媒介：可视度极高的玻璃墙、宽敞开放的玻璃门，使店内整齐的货柜、热闹的人流成为最生动的引流宣传媒介。

图14-1　永辉超市门店入口

品牌名称放大突出："超级物种"品牌名称采用大号字，在拐角处突出，尽收"双向人流"的眼底。

品牌形象鲜明大气：黑底白字形成强烈对比，增强品牌辨识度的同时，营造高端、大气的品牌形象，如图14-2所示。

宣传设计时尚活泼：错踪有致的图标点缀，高度契合了超市品类丰富的在售商品的同时，营造活泼、时尚的视觉体验。

图14-2　永辉超级物种

14.3　方案科技时尚

智慧化品牌形象可以从颠覆型和稳健型两方面设计。

颠覆型方案在设计原则上以打造公司的活力、时尚新形象，改变人们对传统企业的认知，提升品牌忠诚度。在设计风格则表达为整体风格偏向科技、数字、智慧风格，提升用户新奇感和价值感。室外设计方面，在门头、场景和硬件方面均有颠覆以往的创新设计，以LED的"数字生活空间"为新的门头形象展示，以"数字生活空间"门店宣传标识，突出数字、智能生活体验。

室内风格方面则体现视、听、味一体化场景感知，各场景区域均有特定的主题风格，营造差异化的视觉体验，门店内播放背景音乐，并专门分出咖啡场景，提供定制级的味觉享受，如图14-3所示。

图14-3　咖啡场景

门店内的家居硬件方面，可以匹配交互式展示屏橱窗及体验区（见图14-4）、互动屏幕及创意导台（见图14-5），用以提升客户体验感知，同时也采用360度全景或VR全景（实景），提升互动演示效果。以"视、听、味"一体化场景设计，家具硬件更突出创意交互和用户互动。

图14-4　体验区

图14-5 互动屏幕

稳健型风格则是以极简、聚焦为设计原则，从科技感向生活化与温和化转变，适当的现代木纹配以明亮的色彩，以及淡雅基调。在室外形象，以统一的简约大气门面，品牌点缀其中，牌匾背景颜色与品牌LOGO风格一致。室内风格也体现科技潮流的形象，室内统一的视觉实际体验，灯光效果与主品牌一致（见图14-6），也可在门店内播放背景音乐。门店内家居则以体验销售为导向，突出多元化，柜台效果也以人性化和功能灵活为特征，如图14-7所示。

图14-6 室内效果

图14-7　柜台效果

　　门店也可以根据所处位置，功能定位和服务的客户群体因地制宜，升级门店布置。其核心思路是增加客户体验感，拉近与顾客距离，在店面布置和设计风格上与客户建立更多的联系，以增加客户黏性。

15. 渠道功能分区布局

传统门店更注重销售功能，互联网使消费者与生产者直接对接成本趋近于零，商流的一切中间环节都将被淘汰，传统批发商和零售商的渠道流通价值也将趋近于零，剩下的只有体验、即时消费和整合服务功能。

因此，智慧门店应融合体验、销售和服务三种功能，根据周围商业环境和用户特征进行匹配。三个区有不同的定位和功能，分别承载用户不同的需求。三区互相融合，相互引流，才能为门店带来最大的能效。

体验区设置各种体验设备，主要针对爆款、热销及限量产品，进行集中化展示体验，方便用户触达和参与体验。同时以经营场景为核心，进行场景主题陈列，实现通用型产品互动摆放、关联产品互联互通。

销售区要注重两方面的拓展，一方面产品维度要向智能化方向拓展，多维度引入智能设备，提高门店的科技化程度；另一方面要提供可选择随时随地的"扫码购"、方便快捷的自助结算或贴心周到的人工结算服务等方式，缩短结算柜台的等待队伍、解放结算服务人员，提高结算效率和客户体验。

在服务方面，通过自助化、智能化服务，释放店内人工、提升效率，同时顾问式导购提供专家级咨询服务，全方位提升顾客对产品的认识，设置私密商谈区，为顾客提供进一步咨询服务，保障顾客隐私，提升客户满意度。

15.1 以门店功能半径为指引

渠道承载业务的变化呼吁渠道功能业态的及时适配升级，使门店成为品牌营销的主战场，成为"一站式"体验、销售及服务的融合型新业态门店。

● 体验半径：最短，覆盖范围最小，因为半径内客户倾向于到店体验产品，到厅目的性最弱，活动范围最小

● 销售半径：较长，覆盖范围较大，半径内客户以到店消费为主，到厅目的性中等，活动范围中等

● 服务半径：最长，覆盖范围最大，追求服务的客户到厅目的性最强，活动范围最大

在实际情况中，需要对门店体验、销售、服务覆盖范围内的商业环境进行调查分析，分析不同功能半径内用户需求特征，为门店产品加载及营销服务建议提供输入。

15.2 三区融合，相互均衡为原则

门店应融合体验、销售和服务三种功能，根据周围商业环境和用户特征进行匹配。三个区有不同的定位和功能，分别承载用户不同的需求。三区互相融合，相互引流，才能为门店带来最大的能效。

案例：2016年广东联通携手京东打造首个"智慧生活体验店"，此次改造一改以往传统运营商给用户的刻板印象和单一功能，将200多平方米的销售区域打造为品类丰富，兼顾生活产品品类和运营商业务发展的综合型门店。丰富的场景化布局和分区使门店同时具备体验、销售和服务功能，并且将其进行无缝融合，提升了用户体验和门店价值，如图15-1所示。

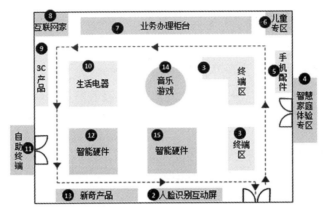

图15-1　智能生活体验店功能分区

15.3　功能区布局标准

五大功能区划分：门店整体可划分为宣传展示、体验娱乐、产品销售、业务办理、咨询服务五大类功能区，具体包括品牌形象宣传、业务产品展示、营销宣传等16项子区域，具体如表15-1所示。

表15-1　功能区划分

功能类型	子区域	设置原则	功能说明
宣传展示区	品牌展示区	强调理念和功能	突出品牌理念与价值内涵以及面向未来数字生活理念宣传展示
	产品展示区	产品集中化、关联化展示摆放	以产品墙、电子屏、海报、灯箱等形式，宣传展示移动公司业务、产品
	营销宣传区	依托线上线下进行营销全触点布局	包括灯箱、电子海报、电脑背板、手机价签、吊旗、桌贴、宣传展架等各宣传点位
体验娱乐区	数字家庭体验区	场景化布局设置，突出用户体验、互动、探索	通过场景化布局形式，展示4K高清电视、光宽带、魔百盒等智能产品，以及安防、声控、家电管理、视频监控等智能化家庭解决方案
	智慧商旅体验区		交通大数据、车联网等综合解决方案
	数字内容体验区		专业公司数字内容产品，包括音乐、视频、电影、游戏、阅读等，提供体验和分享、应用下载服务
	新技术新业务体验区		人脸识别、AR、VR等热门技术体验、分享

功能类型	子区域	设置原则	功能说明
体验娱乐区	学习分享区	通过异业合作的方式专区运营	创意工作坊、移动公开课、行家大讲堂等学习分享区
	休闲娱乐区		咖啡、书吧等异业休闲专区
产品销售区	终端销售区	位于厅店进门中央位置，有体验中岛台	旗舰机型销售展示，包括中岛台和终端销售柜台
	智能硬件销售区		主流智能硬件设备销售展示，包括中岛台和销售柜台
	周边产品销售区	临近终端销售区域设置独立柜台	终端设备等关联产品
业务办理区	公众业务办理区	位于厅店里侧，办理柜台前留有一定空间	包括大众市场、家客、集客市场的各类业务受理
	集客业务办理区		
咨询服务区	售后服务区	位于出口区域设置相应服务设备或柜台	咨询台、售后服务受理以及维修服务
	自助服务区		通过自助服务终端、手机加油站等为用户提供便捷化、自助化的服务

15.4 各类型厅店功能区设计

根据概念展示、综合功能以及专业功能三种类型厅店不同的定位，在功能分区上体现差异化设置。

概念展示型厅店突出品牌价值及智慧生活理念，通过打造虚拟到现实的场景体验、新奇互动的数字娱乐体验、高效丰富的消费体验、高科技智能化的业务体验等各类专区。

综合功能型厅店集体验、销售和服务"三位一体"，提供最全服务和全业务集合，汇聚专业公司产品和设备，并向关联度高、高聚客类异业生态伙伴开放专区。

专业功能型厅店聚焦数字化产品、内容的销售，以某单一功能为主的厅店，如数字化销售功能或基础业务服务功能。

各类门店总体布局如表15-2所示：

表15-2 各类门店总体布局

功能区类型	功能区	概念展示型门店	综合功能型门店	专业功能型门店
宣传展示区	品牌展示区	*		
	产品展示区	*	*	*
	营销宣传区		*	*
体验娱乐区	数字家庭体验区	*	*	*
	智慧商旅体验区	*	*	
	数字内容体验区	*	*	
	新技术新业务体验区	*	*	
	学习分享区	*	*	
	休闲娱乐区	*	*	*
产品销售区	终端销售区	*	*	*
	智能硬件销售区	*	*	*
	周边产品销售区		*	*
业务办理区	公众业务办理区		*	*
	集客业务办理区		*	
咨询服务区	售后服务区			*
	自助服务区	*	*	*

16. 提供高品质产品与服务

客户进入门店后，面临的产品选择丰富多样时，对于客户的选购满意度、体验满意度都会有较大的提高，因此，丰富的产品品类也是智慧门店升级的关键成功因素之一。

在愈演愈烈的共享经济时期，门店产品品类呈现"门店定位精准""品类加宽加深""场景化需求实现"三大特点。

精准定位使得门店由过去的一店打天下、客群不清晰、客户黏性低，逐步调整为客户群深度细分、定位更加精准、客户感知增强、形成购物依赖。让目标客户入店马上深刻感受到，这个店是专门为他开的，恰好有他需要的所有商品和服务，是他想要的购物感觉和体验，能在较短时间产生强烈的感知，能通过一段时间的购物体验对门店产生依赖。

复合业态的发展策略下，未来的产品品类要向着宽度和深度两个维度不断拓展。宽度主要是通过对产品品类进行扩充增加，商品品种将增加50%~100%，品种数将达到4000~5000种，并重点增加高客单商品，比如个人日常护理用品、饮料等高频消费的品种，以更加丰富的商品提供来满足消费者的需求。深度主要是提升商品集中度，满足深层次、高端化需求。

贴近客户真实生活场景，因应场景需求搭配产品。对消费者需求的变化实现准确把握，对商品市场的全面掌控，以消费者的消费场景为出发点，组织适合不同消费场景需求的商品，比如休闲、办公、运动、旅游、商务等。未来的门店是由各种生活区组成，按照目标消费者的日常生活方式划分相应的生活区，在每个生活区按照其消费方式搭建消费场景，目的使顾客按照场景找到对应的需求商品，满足消费需求。

门店产品引入以用户需求、销售提升、便于实施应用为基本原则，建立基于"门店—客户—产品"适配的智选模型，实现门店周边商业环境数据化、用户需求数据化以及销售产品数据化。

在具体操作上，企业需要细化用户群体，加强品类精准定位，引入更多的异业合作商，提供丰富的定制化产品，并深度拓展产品；在场景上利用大数据技术和智能设备，打造互动性强的体验场景，如自助结算、智能试装、无人物流、AR/VR体验、室内定位导航等，以场景聚焦、体验为先，从经营商品，向经营顾客需求（场景）转变，提升消费体验，引导顾客高频、高复购率、便捷的购物方式。做到密切跟随顾客需求，对线下门店进行细分定位，注重场景化布局，根据其所承载的特定功能，对产品品类进行精挑细选的匹配。

通过精准定位、产品品类调整匹配及场景化搭建，使门店或成为品牌产品多样化展示的窗口，或成为生态链产品的"一站式"服务枢纽，从单一销售触点转向"产品展示+品牌宣传+服务体验+场景化搭建"综合触点，全面打通线下门店商品与消费者之间的沟通路径，拉近与消费者的距离，激发参与感，增强互动，让客户在较短时间内产生比较强烈的感知，进而通过一段时间的购物体验，对其产生依赖，成为忠实粉丝，并通过同道粉丝轻松互动传递，形成关系网，获得更多的忠实粉丝，达到充分挖掘实体渠道价值、实现开源增收。

16.1 品类定位准确

在竞争激烈的市场形势下，不仅企业面对差异明显的消费者需求，消费者同样也面对着大量同类甚至同质产品的选择，信息的不对称增加了双方的选择成本，削弱了企业产品竞争力。想要在众多竞争者中迅速抓住目标客户，并将产品信息传递出去，一店通吃的定位以及"以产品为中心，以利润为导向，窄品类低效率"的传统零售模式将难以生存。而以客户需求为中心，以场景构建为导向，以大数据为依托的精准定位（精准目标用户、精准选址、精准布局、精准选品、精准营销）的新型商业模式通过重构零售的成本、效率和用户体验，将会有更广阔的市场发展空间。越是精准定位，越能吸引目标消费者，增强与目标消费者的黏性。

企业在新零售环境下进行品类精准定位，需要从精准定位用户群体、门店整体定位入手，甄别目标客户对产品的需求后，确定产品品类方向，做到品类精准定位及营销，从而吸引汇聚客户，提高客户黏性及价值。

16.1.1　定位用户群体

根据用户消费层次及消费需求，精准定位目标客户，完善用户画像，是整体门店及主营商品定位的基本和前提。

用户定位工具：

（1）建立统一的大数据分析平台。

企业应充分利用智能技术手段建立统一的大数据运营分析平台，例如BOSS、BI、CRM、电话客服系统、监控系统等汇总用户信息数据，了解用户的基本属性、购买能力、行为特征、社交特征、心理特征和兴趣偏好，录入用户分析平台，通过大数据挖掘分析，形成海量用户标签库与营销案库，进行市场营销推广、网络分析优化、客户体验及服务质量管理，实现定点客户潜在需求挖掘。

（2）加强对社交媒体的关注。

加强对消费数据、搜索引擎、社交平台等渠道的数据抓取，锁定目标用户，进而建立更贴近受众的产品品类及品牌定位。抓取门户网站、社交媒体等关于门店产品的公开讨论内容，建立"语料库"，并利用自然语言处理技术进行情感词聚类分析，统计用户的关注点及兴趣。最后提炼受众对产品及品牌感受的关键词，针对受众进行市场、价格、形象、地理、人群、渠道全方位的产品品类及品牌定位。

16.1.2 门店精准定位

门店精准定位应从以下方面着手：

（1）用户画像。在利用大数据进行消费者画像，精准定位用户群体之后，针对用户需求点及消费行为开展精准的实体门店定位。

（2）精准选址。一线、二线城市；核心商圈；消费密度分析；消费能力分析；消费习惯分析。

（3）门店类型定位。高/中/低端；体验店；旗舰店。

（4）风格定位。感官设计，结合消费需求及消费模式，考虑不同产品与不同颜色、灯光、材料等门店现场搭配效果。

人们购物习惯于选择交通便捷的繁华地带。因此，门店的选址应设在大、中型城市的繁华地段，首层临街旺铺。在选址前应当做好当地商圈与消费者调查。商圈调查主要是弄清店铺属地的市场容量、潜力和竞争者状况。消费者调查主要是掌握商圈内消费者的收入水平、文化水平、购物习惯、对专卖店商品与服务的需求内容等。通过调查，能够了解当地的消费与竞争环境，以便有针对性地提出应对措施。

16.1.3 主营产品定位

通过大数据智能精准选品，打造差异化组合产品，同时"用户—商品—店铺"三维适配模型，形成个性化产品推荐：

（1）大数据智能选品，实现千店千面：围绕畅销商品进行选品，筛选出过往销量及好评度高商品，结合用户群关联分析模型，实现货品反向定制。

（2）用户行为分析，实现货品二次迭代：通过分析店内消费者兴趣关注、场景停留时间等行为数据，指导店内货品更新迭代。

依据区域特点、市场需求及客群构成：确定不同的产品品类方向及组合。

● 经典案例

（1）运营商案例——中国联通。

1）引入智能语音分析系统，精准定位目标用户。

"过去的思维方式是'我们有什么，就给用户提供什么'，而现在想得更多的是'用户需要什么，我们怎么来实现'，对数据的挖掘，给了我们洞察用户需求、提供精细化服务的机会"。

2013年，上海联通引入智能语音分析系统，深入挖掘热线服务记录，通过数据模型的优化，精准定位目标用户，为用户提供高效性、便捷性、个性化的服务。目前上海联通的智能语音分析系统已经能够实现关键词检索，情绪识别、静音时长等特征信息的提取，并能够通过复杂的数学模型计算，为系统使用者提供业务模型搭建建议。这一技术的逐步成熟，使得客户服务热线具备了对海量音频文件进行集中高效处理的统一标准，为上海联通打造信息服务数据中心奠定了坚实的基础。运用智能语音分析系统，上海联通客服中心分别建立了"iPhone营销""实名制登记""校园营销"等专题模型，在活动开展的各个阶段跟踪用户来电中关于活动的咨询重点和意见建议，通过与业务部门的不断沟通，及时更新服务措施，并推动了自助服务流程优化，有效提升了热线运营效能。

2）携手京东打造首个"中国联通智慧生活体验店"。

此次改造一改以往传统运营商给用户的刻板印象，不仅实现了门面由"橙"变"红"的华丽转身，更利用京东供应链优势，将200多平方米的销售区域打造为品类丰富，兼顾生活产品品类和运营商业务发展双重功能的综合型门店。

依托京东在新零售方面的独特优势，体验店在营销、场景、技术方面得到京东的全面赋能，此外，未来合作双方将探索实现京东和联通的现有用户数据实现贯通，打破时间和空间的界限，更全面地了解用户的消费偏好和场景，实现用户精准画像，最终实现品牌商、零售商和场景在营销上的无界和精准。

3）智能选址和用户行为数据分析技术为体验店进行营销赋能。

引入JDSmart技术，可以通过分析某一区域消费密度和消费能力进行科学、智能选址，同时还可以通过行为数据分析，获取更多的消费行为数据以及顾客与店铺、商品间的关联信息，通过店内顾客购物行为分析功能，精准了解消费者的偏好及商品的受欢迎度，清晰地勾勒出消费者的"画像"，从而提供更有针对性的商品，为顾客打造更具个性化的优质购物体验。

门店所展示的智慧生活产品品类从此前的30多个增加到300多个，给消费者提供了更多选择。

国内运营商目前虽然在品类精准化方面还没有非常显著的成果呈现，但都在向异业积极学习的过程中，加速新零售门店顺利转型。

（2）其他行业案例——盒马鲜生、西西弗、京东。

通过对盒马鲜生、西西弗及小米等异业研究，展示出精准定位的重要性，各企业分别通过对目标客户锁定、店面定位及产品品类精准定位后，形成了以顾客需求为核心，创新特色经营理念，打造极强的个性化店面及特色产品匹配。

首先，西西弗以大众精品书店为转型定位，以体验服务为经营理念，并且从物理空间、产品运营、服务互动三个层面进行差异化定位，独创"物理书店+阅读体验+书友会+信息交流"平台，实现从传统零售书店1.0时代到2.0时代精品书店发展转型。精准定位零售大众精品图书，做到每个板块都有最合适的书籍展示给顾客，其次，西西弗的目标群体定位明确，不是文艺青年，更不是阅读精英分子，而是一般的普通受众，使得受众群体的范围大大扩宽，增加赢利点。

京东之家以"依托大数据智能选品"为方针，基于品牌战略和品类计划，通过三大选品模型即"品类价值及特征分析模型、商品价值模型和商品生命周期模型"进行全方位分析，依靠1.48万SKU产品池供门店选择，确立符合周边客群的产品清单，从而实现千店千面；产品触达用户后，再次通过店内用户行为数据分析，实现货品二次迭代。

（3）重点案例：盒马鲜生。

盒马鲜生作为线上线下全渠道的零售店铺，注重精准定位，售卖103个国家超过3000多种商品，80%是食品，20%是生鲜产品，是阿里巴巴对线下超市完全重构的新零售业态。在食材零售方面重点关注5公里内的支付宝用户群体，消费者可到店购买，也可以在盒马APP下单，同时增加了场景化的销售模式，现场制作海鲜，提升购物体验。

成功的关键因素在于：精准定位，以更加精准的目标消费者定位、精准的目标消费者特定消费场景定位，依据目标消费群体需求，融合互联网技术，互联网商业模式创新，改造传统零售模式，最终为消费者创造更有价值的便利、品质生活。

七大精准定位，彻底改变传统零售以商品为中心的经营模式，走向以场景需求为中心的商品组织模式。盒马打破了传统零售的品类概念，实行的是以场景为中心的商品组织。由于其追求的是为消费者提供便利、品质生活方式，将会使超市的许多品类发生重构，品类管理的模式发生改变。强大的复合功能，特别是突出的餐饮功能、物流功能、粉丝运营功能冲击目前零售单一的买卖功能。真正体现互联网环境下零售商业模式生态化重构的方向。

七大精准定位：

（1）精准的目标顾客定位，以客户需求为先。

盒马鲜生精准的定位"80后""90后"消费者为目标顾客，他们是互联网的原住民，是改革开放富裕起来中国成长一代的消费者，更关注品质，对价格的敏感度不高。

（2）门店的定位。

传统卖场、社区超市、便利店，以店的规模、以人群的划分来定位。而盒马鲜生是基于场景定位的，围绕吃这个场景来构建商品品类。而吃的商品品类的构成远远超越超市、卖场，所以在吃这个环节上，盒马鲜生一定能够给消费者满意的服务。

（3）商品结构定位。

盒马模式改变了传统超市、卖场的品类组合原则，使整体的品类组合更浅，更加扁平化。由于盒马追求的是：不是为顾客提供简单商品，而是提供一种生活方式的经营理念，他期望的是将以往家庭完成的事情放到店里完成，为顾客提供可以直接食用的成品、半成品。因此，改变了传统超市的商品结构。盒马鲜生把所有的商品都做成小包装，今天买今天吃，一顿饭正好吃完。放弃了客单价的理论，传统的零售理念是：销售=来客数×客单价。放弃客单价理论，意味着零售店的业绩主要依靠提升来客数一端。深入分析放弃客单价理论，它所表现出的是零售店由以自我为中心的经营理念，转向以消费者为中心的经营理念。

（4）全渠道布局定位。

获客手段从传统零售的价格促销、强化生鲜、整洁的环境，转变为全渠道布局（云+网+端）、场景聚焦、体验为先，从经营商品，向经营顾客需求（场景）转变。

线上线下一体化，到店（体验消费）、到家（送货上门）并行发展。以"即时下单、快速送达"为核心的全渠道模式，让门店扩大了商圈影响范围。同时重构支付方式，推行无现金支付，锁定支付宝，形成大数据闭环。

（5）餐饮与超市融合。

盒马鲜生颠覆了传统餐饮业、零售业。餐饮不单单是体验中心，更是流量中心，带来了消费者的黏性。餐饮就是盒马鲜生里面的加工中心，它可以提供更多的半成品、成品在互联网上销售，丰富线上销售结构。目前盒马鲜生已经和相当多的餐饮企业在合作，餐饮跟超市融合而成的加工中心，为盒马鲜生提供了所需要的半成品和成品服务。

（6）超市功能+餐饮功能+物流功能+企业与粉丝互动的运营功能。

其颠覆了传统简单买卖的零售模式。盒马模式已不是一个简单的超市模式，更体现的是在互联网环境下复合功能生态化模式。特别是基于经营顾客、粉丝互动建立的运营功能、物流功能、餐饮功能，已经颠覆传统的零售模式。盒马鲜生有三种销售渠道，第一种是线下，第二种线上，第三种是基于粉丝之间的互动营销。如果把3公里的粉丝运营好，消费者对门店的忠诚度会大幅度提高。

（7）强大的物流功能。

采取前场库存+后场物流的形式，自建物流，并实行零门槛免费配送+5

公里半小时送达+无条件退货。强大的物流体系，运用大数据、移动互联、智能物联网、自动化等技术及先进设备，实现人、货、场三者之间的最优化匹配，从供应链、仓储到配送，形成完整物流体系，大幅提升商品分拣配送效率。

从盒马的定位、商品结构来看，已彻底改变传统零售以商品为中心的经营模式，走向以场景需求为中心的商品组织模式。盒马打破了传统零售的品类概念，实行的是以场景为中心的商品组织。由于其追求的是为消费者提供便利、品质生活方式，将会使超市的许多品类发生重构，品类管理的模式发生改变。强大的复合功能，特别是突出的餐饮功能、物流功能、粉丝运营功能必将会冲击目前零售单一的买卖功能。真正体现互联网环境下零售商业模式生态化重构的方向，如图16-1所示。

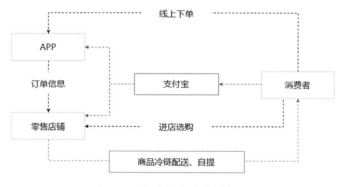

图16-1　盒马鲜生零售模式

16.2　合纵连横拓品类

为增强消费者到店体验感、全方位连接消费者情感，在产品上，各企业纷纷引入智能交通、健康娱乐、智能家居等智能化产品设备，"智能硬件+智慧应用+智慧服务"的业务体系，打造智能、便捷、万物互联的大连接的用户体验。

同时扩宽了产品品类，形成了以自有主打产品为核心，覆盖个人、家庭、办公、出行、旅游等不同使用场景和用途的产品品类，满足消费升级需求。

企业可以围绕自身的品牌文化优势，采用联营、资源置换、战略合作等模式，通过需求匹配有效整合自有及生态合作伙伴产品，打造自有核心品牌产品（爆款、热销及限量产品），围绕主业相关型产品丰富品类，与异业合作，提供丰富的定制化产品，并深度拓展产品，全覆盖客户所有需求，让消费者能够直接近距离地接触Xbox、Google眼镜等互联网高科技产品，吸引客户来店，提升用户体验，打造"一站式"购物，创造高频消费场景，将"体验服务"从业务流程扩展到产品上，进一步提升企业形象以及用户口碑。

（1）多品类、高质量。

发展自有特色产品，打造自有核心品牌产品，创造爆款、热销及限量产品，增加客户流量。以运营商门店为例，智慧门店应引入智能硬件产品，智能手机/平板（合约机、人气爆款手机、智能平板），品牌形象衍生品（硬件配件、服装、办公文具），健康娱乐（智能眼镜、智能体重秤、智能手环、体感游戏、智能健身仪、智能血压仪），智能家居（烟雾报警器）。

（2）广覆盖。

智慧门店应覆盖个人、家庭、办公、出行、旅游等不同使用场景和用途的产品，满足消费升级需求。

（3）快迭代。

增加快速迭代产品，可增加消费者近点频次，增大客流。以运营商门店为例，通过低频消费产品（如手机）和高频消费产品（耳机、电池）相组合，大大增加消费者的进店频次和消费意愿，同时产品品类覆盖儿童、青少年、中老年不同年龄段，有助于吸引家庭体验和购物。

（4）异业合作。

企业通过积极寻求产业链上多类型异业合作机会，不仅可以扩张渠道触点，还可以加大产品品类的合作范围。以运营商门店为例，其智慧门店可吸收以下类型企业产品进行销售：

1）智能手机类，如苹果、vivo、小米、华为、OPPO等。

2）健康娱乐类，如Google、Microsoft、DG、Fineck、Hush等。

3）智能家居类，如Amazon PHILIPS GOOGLE 小米等。

4）互联网类，如Xbox、Google眼镜等互联网高科技产品。

（5）承接线上业务，提供后续业务受理、终端配送、上门安装等服务。

● 经典案例

（1）运营商案例——AT&T、SKT、软银。

从国际标杆运营商AT&T、SKT、软银的研究中，可以体现产品品类的发展围绕CT相关产品丰富产品品类，打造多元化全覆盖的产品体系，实现客流转化为价值。各运营商除了销售智能终端、丰富的终端配件等常规产品，还增加了一系列可穿戴设备，以高清电视为代表的智能家居设备、智能玩具等多品类产品，增强门店科技感，不但为消费者极力营造多样化的移动科技生活，还将销售范围拓宽至日常生活用品，全面渗入日常生活，同时运营商积极将电视、互联网、家庭电话等产品与服务联合捆绑销售，提高销售附加值。

软银：

软银积极倡导生态化产品体系丰富门店品类，其产品体系覆盖非常广泛，从"终端、终端配件、智能玩具、家用电器、智能设备及号卡"六方面搭建了软银丰富完善的产品体系，极力为消费者营造多样化的移动科技生活。

终端：

智能手机、平板电脑，卫星电话。

终端配件：

①手机饰品：手机壳、手机膜。

②充电设备：充电器、充电线、车载充电器、车载适配器。

③音乐配件：有线/无线耳机、蓝牙耳机、音乐播放器、智能音箱。

④手机配件：储存卡、数码相框、GPS仪表、手机托架。

⑤电脑配件：鼠标、USB储存器、360度摄像头、打印机、扫描仪、无线路由器。

⑥其他：单肩包、车辆净化器。

智能玩具：

机器人套装、电子琴键盘。

家用电器：

①电视类：投影仪、电视调谐器、天线升压器。

②其他：电子体重计、家用相机。

智能设备：

①智能手表、便携式智能WiFi、VR、无线移动感应器、下一代学习遥控、宠物相机、宠物感应器、智能笔。

②智能家居：智能家居开关、智能防盗传感器、智能SOS按钮、智能开门传感器。

AT&T。

AT&T除销售智能终端、配件等常规产品，在穿戴设备领域亦有所涉及，同时以高清电视为代表的智能家居设备品类繁多、表现突出；将电视、互联网、家庭电话等产品与服务联合捆绑销售，提高销售附加值。

将完整的AT＆T服务捆绑在一起，包括DIRECTV、互联网、家庭电话或无线网络。例如DIRECTV+互联网、DIRECTV+互联网+数字家庭电话。

Telefonica。

Telefonica不仅销售基本终端、通用配件，也销售可穿戴设备、智能家居设备等高科技电子设备；除实体产品外，兼售手机保险、平板电脑保险等产品服务，凸显智能化产品、人性化服务理念。

保险内容包括盗窃、损坏、遗失等。客户拨打服务热线，填写索赔单即可申请索赔。同时还会给客户邮寄一个临时替换手机或平板电脑，保证客户正常工作生活不受影响。

SKT。

SKT的产品体系分为终端、配件、智能家居、号卡、宽带/IPTV/固话各项业务五个模块，将销售范围拓宽至日常生活用品，全面渗入人们生活；同时增加了一系列智能设备，增强厅店科技感。

终端：智能手机、平板电脑。

配件：手机饰品，手机充电设备，有线/无线耳机、蓝牙音箱、音乐播放器，无线路由器、U盘、手机支架、适配器。

智能家居：电子体重计、智能音箱、车辆净化器，智能家居开关、智能防盗传感器、智能SOS按钮、智能开门传感器，便携式智能WiFi、儿童智能手表、宠物感应器。

（2）异业案例——华为、苹果。

华为及苹果，都立足于自身核心产品的基础上积极丰富产品业态，开发出智能手机、笔记本&平板、智能穿戴设备、智能家居、移动宽带、配件等一系列产品，而这些产品都可以通过实体渠道很好地承载，让实体渠道成为华为、苹果等系列产品"一站式"体验渠道，既丰富了产品品类、增强了体验乐趣，又覆盖了更广阔的用户需求，体验完成后根据需求可以完成"一站式"购买，拓宽了门店收入来源，具体如表16-1所示。

表16-1 华为、苹果系列产品

产品品类	华为	苹果
智能手机	Mate 系列、P 系列等；荣耀畅玩系列、V 系列等	iPhone SE、iPhone 7、iPhone 8 Plus、iPhone X 等
笔记本 & 电脑	Matebook 笔记本系列、荣耀平板电脑	MacBook、MacBook Air、 MacBook Pro、iMac 等； 平板电脑包括 iPad、 iPad mini、 iPad Pro
智能穿戴设备	HUAWEI WATCH 手表、华为运动手环	Apple Watch Series 2、Apple Watch Nike+、Apple Watch Hermès 等
智能家居	华为路由、华为盒子等；电力猫	音乐播放器、音响、打印机等
移动宽带	随身 WiFi	
配件	华为 VR 眼镜、体脂秤等； 保护套、耳机、音箱、电源 / 充电器 / 线材、自拍杆等手机配件	手表表带、充电器、耳机、手机支架、USB 转换器等，也销售部分第三方产品
启示	从自身技术优势出发丰富信息技术产品	品牌产品开放展示，吸引线上顾客线下体验

16.3　匹配消费者美好生活

场景化新零售模式下，打破了按物理属性的商品分类模式，调整为按消费者的生活方式分类，因此企业线下门店也要从业务办理和单一产品销售的传统模式转型成为以客户提供"沉浸式"的用户体验为设计原则，搭建不同的生活场景进行产品销售的新模式，围绕消费者的生活方式，重构新的商品组织体系。

根据场景需求匹配不同的产品组合，激发客户的购买欲望，减少传统座席，实现随时随地的业务办理，在实体渠道内，打造场景化的产品品类组合分区，如运营商门店可设置"智能家居解决方案体验区""智能穿戴运动方案体验区"等。将实体产品与虚拟内容结合，主营业务、终端与延展智能硬件组合，贴近用户真实生活场景，打造"展示+参与+互动"的门店模式实现"一站式"购物体验，提供消费者购买的概率，增加消费者黏性。

16.3.1　基于场景进行产品分类

运用场景元素中一个维度或几个维度进行商品分类，就是基于场景的产品分类法，如表16-2所示。

表16-2　基于场景的产品分类

人	地	时	行为	分类

从体验上来说，将商品基于场景分类，在某些场景触发时以个性化的方式呈现聚合内容更会让人耳目一新，也更加贴合用户的心智模型。基于场景进行商品分类的本质目的就是希望能够给用户带来新的购物场景体验，当把一件商品融入到一个需求场景中后，用户的兴趣除了对商品本身外，也来自这个场景所带来的情感认同，要形成这种认同感首先要建立商品和用户的联系。大多数的产品一般常从四个方面进行切入：

（1）人与人。

通过人群属性对商品进行分类是最常见的方法，"大学生开学必备好货""运动达人必买单品"等都是基于人群进行聚合的专题内容。先不管商品品牌的质量和丰富性，但命中的需求场景和对社群的认同感已经足够让人想进去看看了。

在以人群维度进行商品分类的专题中，"大众推荐"和"大V推荐"往往是建立用户和商品联系的两个重要纽带。一方面KOL（意见领袖）对产品有着壁垒性的价值，另一方面用户也需要有人帮他们走出一条路。

（2）人与地。

围绕地点建立人和商品的联系，基于"地"进行商品分类。人与家（客厅、卧室、浴室、厨房、儿童室等）、人与办公室、人与公园、人与健身房等。例如，人与客厅可以搭配大屏幕电视（相应的IPTV服务）、智能音箱（语音助手控制家庭设备）、智能体脂秤等特定场景化的产品建立联系。

（3）人与时。

通过时间围绕建立人和商品的关联主要表现为：借势热点、节日等时效性较高的元素激发场景共鸣。情人节搭配套餐产品，母亲节、父亲节、儿童节等节日。

（4）物与物。

物与物的关联其实就是品类的上下游关联。与京东、天猫、苏宁等互联网和零售企业合作，互相给对方平台的客户赠送优惠券，将物与物，店与店搭建起桥梁。例如，客户在京东上买了相关产品，可以得到一张运营商体验店的打折优惠券或者全面体验优惠券等。

16.3.2　基于场景进行产品匹配

基于场景进行产品分类后，根据具体场景搭配所需要的产品组合：

（1）家庭影院场景。

电视（多品牌、多性能等离子及液晶电视，包括宽屏、平板、高清晰度电视）、DVD录像机和播放机、VR眼镜、家庭影院 & 高保真度的留声机、音箱及配件。

（2）家庭客厅场景。

空调 & 供暖设备、家庭网络&IT（路由器、便携式移动硬盘、外接式硬盘）、智能灯泡、智能开关、智能窗帘、智能音箱、智能插座、真空吸尘器、扫地机器人、电视、游戏及周边设备、音乐设备等。

（3）家庭安防场景。

智能摄像头、红外线传感器、电子门锁、报警器、门磁感应器、紧急按钮等。

（4）家庭厨房场景。

面包机、豆浆机、榨汁机、电饭煲等智能厨电。

（5）健康运动场景下。

追踪器、fitbit、运动手表、智能手表、可穿戴设备、智能秤、血压仪等。

（6）办公场景下。

电脑 & 笔记本 & iPad（多品牌）、电脑软件、咖啡机、打印机和打印机墨水（喷墨、激光）等。

16.3.3　经典案例

（1）运营商案例——联通智能生活体验店。

中国联通通过与京东和天猫的合作，建立了智能生活体验店，针对旅行达人、时尚白领等不同群体的细分场景化需求进行产品分类和摆放，借助京东和天猫海量正品行货，力求为用户提供集社交休闲，科技体验、健康生活于"一身"的优质购物体验。

便捷化购物及高品质物流服务成为一大亮点。在用户消费过程中，店面会对消费者进行人脸识别，并分析每一位消费者的兴趣关注和场景停留时间，通过行为数据分析，精准进行货品的二次迭代；

高度场景化的设计；

围绕特定场景，通过类型相近产品的交叉摆放，形成相关产品组合，营造出"客厅"等场景。

（2）异业案例——海尔，打造智慧生活全场景。

海尔独家发布的全场景定制化智慧成套方案，通过"4+7+N"的业务模式实现智慧家庭全新体验，是行业首个以用户为中心、用户可定制的智慧成套方案，用智慧客厅、智慧厨房、智慧浴室、智慧卧室不同空间的首批161个智慧场景，帮助全球用户开启了一键式智慧生活旅程。在技术能力的支撑下，搭建不同需求的小场景，通过匹配不同功能性产品组合，共同组合成为满足人们生活需求的智慧生活全场景。

1）智慧客厅场景。

可以语音对话的机器人主动为用户打开灯和空调，联动其他设备播放音乐和电视，还能主动汇报家庭安防情况，如图16-2所示。

产品组合匹配：空气净化器、柜式空调、4k超高清电视、曲面电视、蓝光电视、扫地机器人、智能触控面板。

图16-2　智慧客厅场景

2）厨房场景（见图16-3）。

图16-3　厨房场景

冰箱可以提供健康安全的食材，还能联动其他厨电为用户烹饪健康菜品，用餐后还有智慧厨电打理餐具，让用户更省时省心。并且海尔2016年首次与生鲜电商领先品牌易果生鲜合作，将易果植入海尔馨厨互联网冰箱终端，共同建立新型厨房商务平台，让用户在冰箱上实现一键式购买。联合开发RFID食材识别、内容消费等模块，搭建大数据分析模型，建立用户生活习惯大数据库，为用户提供个性化的推荐。RFID技术让每一份食材可追根溯源实现食品安全可视化。目前，易果生鲜与海尔已展开用户数据共享，当用户食材短缺时，海尔冰箱进行智能提醒，易果为用户推荐食材，并配送到家，还能形成周期供货。

以馨厨冰箱为中心，可以联动整个厨房，实现存储、加工、烹饪、洁净、购买、联通安防六大智慧场景。冰箱可以根据用户的数据精准推荐健康计划膳食方案，帮助用户智慧购买安心食材，并推荐菜谱。还可将菜谱直接联通到烤箱和吸油烟机、消毒柜，轻松实现一键烘焙、烟灶联动、自动消毒。如果有朋友来敲门，冰箱的显示屏还可立即切换到门禁可视系统联通安防。

产品的匹配：智能冰箱、油烟机、灶台、烤箱、洗碗机、消毒柜、空气炸锅。

3）浴室场景：智能热水器可以根据用户习惯提前开关热水器，帮主人省钱，魔镜则可以为用户推荐不同场合下最合适的妆容，如图16-4所示。

产品品类组合匹配：魔镜、电热水器、智能洁身器、坐浴器、除菌宝、洗衣机、烘干机。

图16-4　浴室场景

4）卧室场景：空调听到用户说"要睡觉了"，就会自动开启睡眠模式，播放舒缓的音乐并跟用户道晚安。

产品匹配：壁挂式空调、4k超高清电视。

5）安防场景。

海尔安防生态圈系统中智能门锁、监控系统、门铃等终端影像都可以在海尔馨厨冰箱智慧屏上呈现，这也意味着海尔馨厨冰箱将取代对讲机，成为门户安防的控制中心。

产品匹配：警报器、摄像头。

17. 产品陈列展示

17.1 产品陈列：满足"一站式"购物需求

产品展示是营销的基础，尤其是店内引入丰富的产品品类，产品的功能卖点突出，才能吸引用户参与体验和购买，提升产品销量。产品展示需要匹配门店功能区定位、产品功能特征以及用户需求，因地制宜、量体裁衣。

17.1.1 三个匹配原则

（1）匹配产品特征。根据不同类产品的特征布置不同的展陈方式。例如终端及智能硬件类：产品体验功能强，展陈需突出场景与互动；手机周边及3C潮品类：为终端及智能硬件互补品，需求频次较高；移动业务类：主要为虚拟产品，需结合其他实物类产品进行嵌入式展陈。

（2）匹配功能区定位。门店内产品展陈需适配销售、服务、体验三大功能区不同定位。其中销售区定位：以销售体验带动门店的营销核心；体验区定位：聚客引流、销售转化；服务区定位：高效率、便捷化、顾问式业务服务体验。

（3）匹配用户需求。从客户角度出发，以提升客户感知为目标，用户对产品的需求包括体验、互动、服务等，因而在产品摆放的位置和次序上将上述功能予以体现。

17.1.2 产品展陈要求

（1）终端及智能硬件类。

1）展示方式：

以场景化、交互式陈列，产品陈设与相应生活场景匹配，例如将扫地机器人、智能摄像头、智能家电均放入智能家庭场景陈列，同时融合场景化、智能化和互动化体验增强对用户的吸引力。

2）产品展示类型：

无线路由器、电力猫、智能监控摄像头、儿童手表、VR 眼镜、智能插座、智能灯泡、蓝牙音箱等。

（2）手机周边及3C潮品类。

1）展示方式：

产品上墙上架，每一体验区设置相关产品墙和产品橱柜，为客户的选择提供便利。部分与手机应用紧密结合的智能产品或同类配套产品集中摆放。

2）产品展示类型：

VR 眼镜、蓝牙音箱、耳机、电源线、充电宝等。

（3）通信业务类。

1）展示方式：

流量产品和套餐类产品集中在销售区和体验区展示，数字化服务类产品集中在数字内容体验区。

2）产品展示类型：

传统流量、套餐以二维码形式展示为主，数字内容应用主要包括音乐、游戏、阅读和视频等。

17.1.3 产品展陈示例

AT&T的产品陈列以强化产品特点为导向，通过旗舰产品的分专区陈列、关联产品对应放置、突出产品场景化、交互性，同类产品集中摆放，打造极致的购物观感。

（1）产品分区陈列：将三星、苹果等直接竞争对手的旗舰产品分隔专区陈列，如图17-1所示。

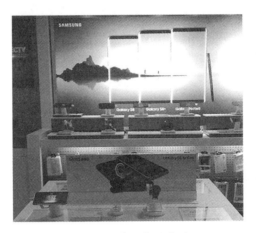

图17-1　产品分区陈列

（2）关联产品对应摆放：终端硬件摆放在展台上，相关配件产品悬挂在其下方，联动销售，如图17-2所示。

图17-2　关联产品对应摆放

（3）突出产品交互性：DirecTV、音箱、显示屏联动展示，提供场景化的交互式体验，如图17-3所示。

图17-3　突出产品交互性

（4）同类产品集中摆放：同类型配件集中摆放，购买三项及以上类产品可享受八折优惠，如图17-4所示。

图17-4　同类产品集中摆放

T-Mobile产品陈设突出四个方面，第一是产品墙设计将产品全面陈列，使产品对于客户来说一目了然；第二是将陈列产品按照功能进行分区展示合理布局；第三是推出"一站式"的购物方案，推出产品+服务，力图提供"一站式"的解决方案；第四是独特的灯光设计，门店采用垂直灯光设计，营造出卓越的购物体验。

这样做法可以得到的借鉴是：业务展示的目的是为了给客户提供便捷、优质的服务体验，业务展示不但需要标准化设计；结合消费者心理，从灯光、背景音乐及沙发入手，为顾客营造出舒适的氛围。

Verizon则是在产品展示中注意一般产品与核心产品采用不同的陈设方式，具体为一般产品墙上展示，核心产品交互式陈设，以场景化展示的方式增强用户吸引力。

一般产品上墙上架是指：每一体验区设置相关产品墙+产品橱柜，提供选择便利并相关配件集中分类摆放，优化购物体验，如图17-6所示。

核心产品交互式陈设是指：产品陈设与相关生活场景匹配，使用场景化+智能化+互动化体验增强用户吸引力，如图17-5所示。

图17-5　核心产品交互式陈设

图17-6　产品上墙上架

沃尔玛惠选智能超市，将传统大型商超数以万计的商品，精选至8000多种，其中生鲜高达750多种。冷藏蔬菜、生鲜水果或速冻食品类，均前置在门店最显著的区域，进店可见，如图17-7所示。

图17-7　沃尔玛惠选智能超市

该店生鲜果蔬、海鲜冻品、低温食品、乳制品、儿童用品、日用品、洗化日化、烘焙熟食以及便民服务等板块，其中也包含进口商品、休闲零食、米面粮油、现切水果区以及自有品牌惠宜等品类，如图17-8所示。

图17-8　多品类商品

为了实现线上线下的融合，惠选超市采用电子价签，由后台系统统一操作变价，电子价签可以实现以近乎实时方式完成单个价签的信息更新，这让店内的几千种商品线上线下同步调价具有可操作性，如图17-9所示。

图17-9　电子价签

在消费者购物的便捷性上，尤其是付款方面，沃尔玛惠选超市推出包括自助收银机、快速收银"扫玛购"和传统人工的3种收银方式。其中，与微信合作的"扫码购"小程序可以让消费者在卖场内无须下载任何应用软件，就可以对商品进行扫码并完成付款，如图17-10所示。

图17-10　扫码购

2018年5月，腾讯携手家乐福打造的首家智慧门店"Le Marche"在上海天山正式开业。这是家乐福全球首家落地的主打餐饮、生鲜、进口商品、自有品牌的新业态，也是最新落地的一家微信支付智慧零售旗舰店，如图17-11所示。

图17-11　Le Marche

在家乐福新零售智慧门店，尽管上层是日用品以及家装，但是在下层的食品区也推出了"生鲜+食堂"模式。店内不仅有各种生鲜，也可以选择现场加工，顾客可以直接在店内就餐。

家乐福新零售智慧门店首先是在两层都添置了自助结账机，不仅将新技术更好融合进消费中，而且也提高了顾客的购物效率。其次是随处可见的扫码支付的字样，这个是关联支付小程序的，扫完以后挑选任何一个商品的二维码都可以直接支付。最后是最值一提的微信支付与腾讯优图联合推出的人脸识别功能，顾客可以通过这项技术直接完成免密支付和各项会员服务，如图17-12所示。

图17-12　自助结账机

17.2　科技展示：新技术、新设备、新展示

新型零售技术和设备，具备更强的交互、效率特征，通过引入先进技术和辅助设备升级店内硬件设施，提高宣传展示的效果。

主要的手段包括智能互动橱窗、虚拟墙（屏）、电子价签、互动屏幕、创意导台、360度全景或VR全景（实景）、联播系统等。

互动橱窗，在传统橱窗环境中，展示信息由店家指定，行人在接受这些信息的时候通常处在一种非自愿的，甚至是被叨扰的状态。而加入体感互动，则赋予了橱窗与顾客共同创作的意义，让顾客接管橱窗。举例来说，卡地亚于2013年圣诞节在伦敦推出的一款橱窗，只要顾客在相应的盒子前稍作停留，盒盖就会自动打开。而耐克则是与电商Footlocker联合推出的一款橱窗。当行人路过时，屏幕的黄色纸片就会随着行人的姿态被掀开，露出地下的球鞋。还有为游人提供拍照类的橱窗，位于美国第五大道的高档百货在投放这款橱窗的三周时间里，共拍摄了11000张照片，吸引了150000人在橱窗前驻足，此外每位行人"路过"的平均耗时为6.5秒。可口可乐则是在韩国的一座商场里设置了一款活动橱窗，玩家模仿屏幕里的人做出一样的动作，就有机会得到免费可乐的奖励。互动橱窗以其独特的设计和互动体验成为了吸引消费者并转化为顾客的有力工具。

虚拟墙（屏），凯文·凯莉所预测的未来12大趋势中，其中之一就是"虚拟显示会跟物理显示有一个取代"。投影类产品推动下硬质物理屏幕逐渐消失，虚拟屏幕成为主导将会是人机交互在屏幕显示领域的终极体现。将虚拟投影投放到皮肤上，把人的皮肤作为传感器的延伸，既解决了传统投影由于对焦需求无法在皮肤上成像的问题，也开拓出人机交互的"质"的突破。在零售门店当中，取消自助业务办理机器，而仅有一个屏幕，用户的业务操作可以通过投射在墙面的按钮或者键盘实现，如图17-13所示。

图17-13　用户的业务操作

电子价签，在消费模式以及需求的改变下，促使了越来越多传统门店升级改造，也催生了众多形式的新业态门店的诞生。如何改善体验、提升效率又不失格调，成了门店科技升级的主旋律。实体门店与电商趋于融合，电子价签就是一个很新潮又准确实时的新科技装置。电子价签通过无线网络与商场计算机数据库相连，实时、准确地显示商品最新的价格信息。电子价签整合信息、打通线上线下的优势显著，常被作为关键推手和标配产品广泛应用到各种消费场景中。目前不仅创新业态的门店如盒马鲜生、永辉超市、缤果盒子，就连传统卖场物和一些社区生鲜店也均实现了电子价签替代传统纸质价签的新形势，如图17-14所示。

图17-14　电子价签

互动屏幕，在伦敦梅菲尔市中心有一家著名的画廊，以前瞻性的方式重新设计了PHOS Art +设计，在建筑设计和物理结构中融入了多媒体技术。墙上白色屏幕具有"记忆"性，与之互动的每个参与者的动作都被存档和重复，从而在复杂的技术和站立的人之间产生个人感觉，并随之移动。还有一个"指挥"装置，体验者的手部动作和手势，无论多么轻微，都被传感器感知，创造出一个戏剧性的、动态的声波样本。这些新鲜的体验都带给参与者无限兴趣与参与感，吸引了不少游客驻足。

转型门店的一个必不可少的环节就是门口的引导台，一个颇具创意的引导台不仅能体现企业风格，更能给前来办理业务的顾客带来不一样的体验，符合门店新科技、新零售的转型特点。

著名快消公司联合利华的办公室前台具有一种时尚、轻松的设计感，一改传统企业前台刻板形象，如图17-15所示。

图17-15　联合利华办公前台

作为门店，客人需要在店内完成体验以及消费，360度全景必不可少，这类新兴技术可以展示门店内部装修及布置的照片。可以让顾客在上门前快速全面了解店内情况，从而获得顾客的高度信任。

18. 人机合作"7×24小时"

实现智能门店智能化动态排班，明确持证上岗、周期轮换、分忙闲时、抓关键点、确保客户舒适等原则。员工经过培训获得相应岗位资格证后，可进入该岗位排班候选人名单；以周或月为单位，明确本周期内各岗位排班候选人名单，确保机会均等；确定各岗位忙闲时间段、劳动力需求量，设计岗位间忙闲时交叉轮换机制；确保台席、体验区等关键点位始终有人值守，明确固定站点和流动站点，形成区域间联防；避免忙时客户无人看管、闲时扎堆聊天，服务时注意与客户的舒适距离，保护客户私密性的同时能做到及时响应和答疑。

充分利用多种类的自助设备，提高服务客户的时间长度，保障部分业务24小时全天候提供。

同时，结合行业特性，针对性推出无人值守的社区店等形式，满足高频类需求的全天候相应。

18.1 智能调度降本增效

随着企业制度的建立以及社会经济的高速发展，企业劳动力管理已成为左右企业生存发展的重要因素，加强劳动力的有效管理和降低人力资源成本已成为企业提高竞争力的重要手段，劳动力排班管理也越来越受到企业的重视。

排班系统是许多单位的一项日常管理工作内容，一种公平、合理的排班方法对于调动积极性、提高工作效率都具有十分重要的意义。如果没有合适的自动化排班管理工具，企业很难预测生产需求，继而相应地安排技能和资质满足要求的生产人员。减少人员配置过量的情况，最大限度降低管理成本和控制人工成本。

过去通过人工错峰排班来实现最大限度的合理配置人力，降低劳动成本，但是随着人员规模的扩大，这种方式已经不能满足企业管理需求，于是，基于互联网的智能预排班软件应运而生。智能预排班系统将会充分结合实际运营状况、历史数据分析、预排班、拟合度分析等，实现科学化、数字化、智能化的排班。并通过配置规则自动执行所有排班相关规定和政策，最大限度降低合规风险，将劳动力和客户需求协调一致，减少人员配置不足的情况，提高劳动力生产力。

智慧门店可以通过这种智能化排班方式，使得门店成本降低，客户满意度提高，员工归属感增强。

18.2　自助设备24小时响应

自助服务终端是信息时代一个大的跨越，前两年兴起的O2O落地电商、跨境O2O落地电商、B2B2C等模式都是自助服务终端的体现。自助服务终端越来越融入人们的生活，人们也更多地感受到自助服务终端带来的便利。自助服务终端能大力节约人工成本、降低顾客排队时间、提升服务满意度，更好串联设备与顾客、企业与顾客、企业与设备的联系。

对于智慧门店来说，充分使用自助设备，可以在节约人力的同时，加快业务的办理速度，同时也增加了厅堂的空间。

18.3 无人值守体验实用兼备

最近两年电商陆续开起了无人值守店。这作为实体零售的新趋势创造了一种新型的服务场景，除去酷炫的外设和满足全天候业务需求外，真正的价值还在于，对线下顾客大数据的搜集化为无形，比如：系统分析客户业务需求，短信提醒客户什么业务即将到期，目前可续办哪些业务等。

进入无人值守类门店办理业务、购物的步骤：

（1）扫开门二维码，智能识别开门（使用微信扫码，首次需要绑定手机）

从门锁打开的那一刻起，手机号成为每个购物者的身份识别号，也是将不同购物者区分开的方式。进店之后的所有活动，包括在店停留时长、购买记录等都将记录在该号码下。

（2）将商品放置到收银台检测区或者通过自助业务机办理。

在挑选完后，购物者只需将手中的商品放置于收银台的商品识别区上。

（3）扫一扫付款，专用二维码，使用APP付款。

（4）离开。

以亚马逊的无人店为例，亚马逊推出的Amazon Go，除了顾客无须结账，即买即走，免去了顾客排队的苦恼外，Amazon Go跟普通的零售店几乎没有区别，其商品摆设与普通零售店亦基本一致，主要销售即食早餐、午餐和晚餐，以及每天新鲜的小点心。此外还包括面包、牛奶、手工奶酪和本地制作的巧克力等。

Amazon Go的购物流程较为简单，消费者在进入Amazon Go进行购物时首先需要一个亚马逊账号，并在自己的智能手机上安装亚马逊的应用软件，用户打开手机并进入商店后，在入口处会对顾客进行人脸识别，确认用户身份。当消费者在货架前停留并选择商品时，摄像头会捕捉并记录顾客拿起或放下的商品，同时，置于货架上的摄像头会通过手势识别判断顾客是否将货物置于购物篮还是只是看看然后放回原处。

同样出名的还有阿里淘咖啡和Wheelys。作为阿里实验室筹划已久的"无人零售计划"中的第一个应用场景，"淘咖啡"是一个占地200平方米的线下实体店样板，集商品购物、餐饮于一体。

消费者进入淘咖啡的整个购物过程大致分为三个步骤，首先是进店，用户首次进店需打开"手机淘宝APP"，扫码获得电子入场码，同时签署数据使用、隐私保护声明、支付宝代扣协议等条款，顾客将手机放在认证闸机上方以通过验证即可开始购物，之后全程无须再掏手机。

接着是选购，用户可在店内拿起任何一件或者多件商品，或者在餐饮区点餐，这个过程与日常的购物并无二致。

最后是支付，支付的过程是通过一道结算门完成的，离店前，用户必须经过这道结算门。结算门由两道门组成，当第一道门感应到用户的离店需求时，它便会自动开启，用户走出这道门后，系统会自动对顾客所买的货物进行识别与结算，结算完成后，会有语音提示顾客此次购物所花金额，随即第二道门便会自动打开，顾客离店。

而Wheelys是来自瑞典的初创公司，Wheelys在上海开设了一家无人零售商店，该商店主要由应用程序控制。顾客首先需要在智能手机上安装一个允许访问该无人商店的应用，进入商店后，只需扫描想要购买货物的条形码，离店时可以使用信用卡支付。该无人商店由AI控制——称为"Hol"的全息商店助理，可帮助客户进行购买或提供使用服务的说明。此外，无人店的屋顶还配备了4台无人机，顾客可通过APP订购，无人机就会带着商品送至家中。防盗防损方面，该门店主要采用摄像机监控+入店进行身份验证。

19. 精准化客户画像

客户画像能够让产品的目标对象更加聚焦、专注。成功的产品都有明确的目标客户群体，给特定目标群体提供专注的服务比给全部的人群提供低标准的服务更容易获得成功。通过正确地使用用户画像，找准立足点和发力的重要方向，从用户角度出发，解析客户的核心诉求。客户画像能够让所有参与产品和运营的成员在一致的用户基础上进行讨论和决策，更容易保持前进方向的统一，提高决策效率。

在"用户至上，体验为王"的互联网大数据时代，不可避免地给企业及消费者的行为带来一系列改变与重塑，特别是消费市场开始由卖方市场转向买方市场。用户主权，是互联网大数据下新零售的典型特征。消费者行为在供应链上的每一个环节都具有逆向传导作用，因此对消费者进行研究相当必要，特别是零售行业，正是一个亟待"转向"、构建"反向认知"的行业。

研究消费者行为有很多的方法，比如用户调研、问卷访谈、数据分析、市场调研等，但是，在互联网时代，依托大数据处理方法，构建出一整套完善的客户画像，借助其标签化、信息化、可视化的属性，赋能新零售，可以推动企业实现个性化推荐、精准营销、精准用户增长，从而提高顾客的消费体验。

19.1　客户画像的定义

关于"客户画像是什么"的问题，最早给出明确定义的是交互设计之父Alan Cooper，他认为，客户画像，是真实客户的虚拟代表，是建立在一系列真实数据之上的目标用户模型。

数据构成了搭建虚拟模型的通道，所以企业需要寻找目标用户群，挖掘每一个用户的人口属性、消费特征、信用状态、兴趣爱好、社交属性等主要信息数据，经过不断叠加、更新，对行为建模，抽象出完整的信息标签，组合并搭建出一个立体的客户虚拟模型，即客户画像。

19.2　客户画像的流程

客户画像从流程上可以分为3大步骤：客户信息收集、客户行为建模、客户画像构建。

真实用户　→　真实数据　→　虚拟模型

19.2.1　360度获取客户信息

新零售时代是"消费者的偏好决定零售商供应"的模式，零售商在营销决策过程中不得不关注两个问题，一个是"如何提供用户更喜欢的产品"，另一个是"如何把产品卖给对的人"，解决这两个问题离不开对用户需求的洞察，因此总是不可避免地考虑到内类人：

现有客户：我现有的用户是谁？为什么买我的产品？他们有什么偏好？哪些用户价值最高？

潜在客户：我的潜在用户在哪？他们喜欢什么？哪些渠道能找到他们？获客成本是多少？

为了回答这些问题，企业必须通过各种方式不断地收集用户信息。客户信息收集的维度主要包括人口属性、消费特征、信用状况、兴趣爱好、社交属性。

（1）人口属性。

人口属性包括人的自然属性和社会属性。特征包括：姓名、性别、年龄、身高、体重、职业、地域、受教育程度、婚姻、星座、血型等。自然属性具有先天性，一经形成将一直保持着稳定不变的状态，比如性别、地域、血型；社会属性则是后天形成的，处于相对稳定的状态，比如职业、婚姻。

（2）消费特征。

为了便于筛选客户，可以参考客户的消费记录将客户直接定性为某些消费特征人群，例如差旅人群、境外游人群、旅游人群、餐饮用户、汽车用户、母婴用户、理财人群等。

（3）信用状况。

用于描述用户收入情况和收入潜力，评估支付能力。帮助企业了解客户资产情况和信用情况，有利于定位目标客户。客户职业、收入、资产、负债、学历、信用评分等都属于信用信息。

（4）兴趣爱好。

用于描述客户具有哪方面的兴趣爱好，因为在这些兴趣方面可能消费比较高。帮助企业了解客户兴趣爱好，就可以定向进行营销活动。兴趣爱好的信息可能会与消费特征中部分信息有重复，区别在于数据来源不同。消费特征来源于已有的消费记录，兴趣爱好的信息可能来源于社交信息和客户位置信息。

（5）社交信息。

用于描述用户在社交媒体的评论，这些信息往往代表用户内心的想法和需求，具有实时性高、转化率高的特点。例如客户询问上海哪里好玩、澳大利亚墨尔本的交通、房屋贷款哪家优惠多、哪个理财产品好。这些社交信息都是代表客户的需求，如果企业可以及时了解，将会有助于产品推广。

19.2.2　构建客户行为模型

基于原始数据进行统计分析，得到事实标签，再通过建模分析，得到模型标签，再通过模型预测，得到预测标签，具体如图19-1所示。

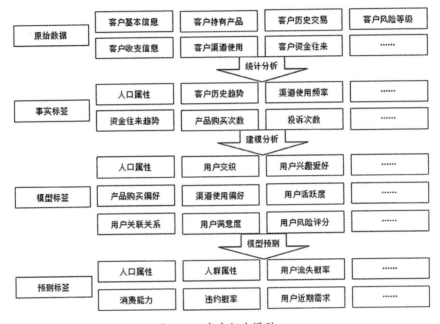

图19-1　客户行为模型

客户行为建模主要是对数据进行分类和标签化，依据业务需求，对信息进行加工整理，需要对定量的信息进行定性，方便信息分类和筛选。从原始数据进行统计分析，得到事实标签，再进行建模分析，得到模型标签，再进行模型预测，得到预测标签。

获取客户信息后，建立数据挖掘模型分析客户行为、价值、心理等属性信息，将客户以不同的属性标签划分类别，建立客户标签管理体系，便于产品营销，并在应用中不断进行效果评估，持续优化客户管理体系。

获取客户信息的重点内容范围包括客户的基本信息、客户的信用卡获取、客户的消费内容、客户的登录浏览、客户的信用卡申请等。数据挖掘模型要从多维度、多角度深入发掘，包括客户消费行为模型、客户价值模型、客户生命周期模型、客户生活方式模型、客户支付行为模型等。给客户标注的标签类型要保证全面、准确，主要涵盖客户消费属性标签、客户价值属性标签、客户产品关键属性、客户生命周期标签、客户统计学标签等。

19.2.3　准确勾勒客户画像

基于客户自然属性、消费行为以及上网行为与兴趣偏好数据的统计，将标签池划分为客户、产品、时间、渠道、位置与终端六个维度，形成完整的客户画像。

客户身份标识主要利用客户的基本信息；产品使用偏好主要结合客户价值属性；营销时机偏好要结合行为属性，看客户喜欢在什么时间收到营销推送；推广渠道偏好主要看客户对于传统营销渠道、线上互联网营销渠道的偏好程度；客户位置归属主要看客户的行为属性中常见的位置所在地，比如家中、办公室、商业场所等；终端属性信息主要结合客户的终端使用频率和特征来区分，比如是PC、手机、PAD、智能穿戴设备等维度。

基于客户信息收集与分析，结合建模数据，形成完整的客户画像。一般来说，可以依据客户画像的不同方面，对客户大致进行以下分类：

按照价值性：高价值客户、中价值客户、一般价值客户；

按照频次：高频客户、低频客户、潜在客户；

按照职业特点：白领客户、外来务工客户、学生客户等；

按照活动属性：商圈客户、社区客户、校园客户等。

19.2.4　颗粒度要粗细合适

在客户画像的过程中有一个很重要的概念叫作颗粒度，就是我们的客户画像应该细化到哪种程度。刻画得越立体清晰的用户，更有助于我们精准地营销以及提高定制化体验。但在追求细致的颗粒度过程中，一方面，过于细致的颗粒度会造成服务目标单一，另一方面，也直接影响着成本。所以，在细化颗粒度的过程中，需要结合实际情况，不断佐以定量方法来验证。

19.3　客户画像的全面应用

19.3.1　千人千面精细运营

"千人千面"的精细化运营是一个大趋势，根据客户画像将人群细分出来后把握时机，对不同用户进行精准触达。

根据用户生命周期进行分层，用户购买或使用产品后（进入落地期），然后通过注册，经过活跃、转化，每一层颜色逐渐加深，对商家的价值也越来越大，通过运营，需要将落地的用户推向注册层，把注册用户推向活跃，把活跃的用户推向转化，每一个层级的用户都有不同的特点。

还有一部分是沉默用户和流失用户也需要关注，通过不同运营手段予以转化，因为激活一个老用户的成本是低于拉来一个新用户的。

以某新零售APP为例，可以根据客户画像，将用户群体分群如下：

15~21岁的新客户，比较年轻、经济能力一般，没有自己的收入，如果是新客户，说明TA对品牌没有忠诚度，那么围绕这部分客户的需求，制定运营策略；年轻白领的老客户，经济条件好，对品牌有忠诚度，TA对工艺质量比较在意，偏好×款式，那么即可为该类客户推荐相应的款式，或者给TA一张相应款式的优惠券，有可能促进购买；经济能力一般的30~40岁的客户，这部分的客户更看重性价比，那么可将性价比高的产品推荐给TA。

如此将用户群体划分出来，这些用户群体的特点随之找到，会更方便制定相关销售策略，提高用户群体的购物体验。

19.3.2　借数据管理提升购物体验

研究发现，在实际转型过程中，传统零售缺乏清晰的用户交互策略和内容，表现在数据孤岛存在，消费者缺乏数据支撑，交互策略与内容单一，缺乏可评估标准等。为全面构建企业核心竞争力，企业应做到全渠道数据的打通，构建基于属性数据和行为数据整合的消费者洞察力；了解目标人群，形成以消费者为中心的营销闭环。因而，通过客户画像去提高商家与用户之间交互能力，精准地进行商品推荐与有效体验是智慧门店转型过程中必不可少的一环。

比如，星巴克近年来不断根据目标群体的客户画像强化消费场景，提高消费体验，将星巴克的消费场景细化为早餐、午餐和下午茶、晚餐。过去五年，这三种消费场景的业务增长率是 22%、30%、19%，午市业务增长显著。驱动因素不仅是食物品质的提高、精品简餐盒和三明治等新鲜食品数量的增加，还有优质的茶饮料和零食品类。为了增加下午时段的客流量和客单价，星巴克将继续扩展冷萃咖啡的品种。到2017年5月，传统冷萃咖啡已经上市一年多，香草甜奶油冷萃咖啡(Vanilla Sweet Cream Cold Brew)刚刚上市，年底以前含氮冷萃咖啡(Nitro Cold Brew)将会在500家门店推广。

一方面，体验是商品与用户交互最密切的环节，是决定交易成败的重要因素，另一方面，用户在交易过程中的表现，可以为上游环节提供一手的需求数据。在增强体验方面，AR、虚拟试衣、购物导航、以图搜图、自助结算等技术可以提高方便人们的购物，提升消费体验；在数据收集方面，图像识别、注视轨迹追踪、行为识别和情绪识别技术可以对用户进行画像，进行有针对性的商品营销和商品推荐，提升门店服务效率，减少成本支出，提高购买率和复购率，提高门店评效。

19.3.3　五星客户五星服务

会员个性化激励由会员行为分析、会员分级、会员特供三部分构成。分析会员行为，区分忠实客户、潜在客户等级，设置不同的会员等级来激励会员的活跃度和再购买力，通过会员专属特供权益或优惠维护现有会员忠实度。

会员行为分析以购买行为和活跃度两个维度的指标，并赋予不同的积分及权重，以综合的积分作为考量会员价值进行会员分级的基础以及一对一定制化推送内容的基础。购买行为主要由购买金额和购买频率组成，活跃度指标可通过互动频率、提问数、活动分享次数、线下活动报名次数、线下活动参与次数、社区发帖次数等指标来衡量。

会员分级可将会员根据积分总数分为白金、金、银、铜四个层次，白金会员是在两个维度表现都最为突出的VIP会员，金、银、铜会员则根据加权合计的积分总数来确定。

按会员分级，特供相应级别会员优惠。主要包括积分兑换分级、积分抽奖分级、活动折扣分级、线下活动参与权益分级等。

20. 全流程体验闭环

20.1 场景引流

20.1.1 场景基本概念及类型划分

场景化运营基于各类场景建立闭环营销体系，以"2CPT"匹配为核心，综合产品及用户标签信息，实现产品及营销方向分析、产品—目标用户群匹配、目标用户—营销场景匹配、活动信息推送与反馈完整闭环。

场景类型可分为时间类场景、事件类场景和客户行为类场景，具体如图20-1所示。

时间类场景	事件类场景	客户行为类场景
■ 常态化时间场景	■ 自然事件场景	■ 主动接触营销位
➤ 日度、星期、月度	➤ 天气变化、自然灾害等	➤ 咨询查询、办理退订等
■ 特定日期时间场景	■ 社会事件场景	■ 地理位置变化
➤ 公历、农历节假日	➤ 国际国内具有较大影响的商业事件、社会现象等	➤ 出入省、出入境
➤ 特定纪念日（爱眼日、地球日等）	■ ……	➤ 进入特定营销区域(机场、车站等）
■ ……		■ ……

图20-1 场景类型划分

场景化营销闭环体系主要包括以下几部分（见图20-2）：

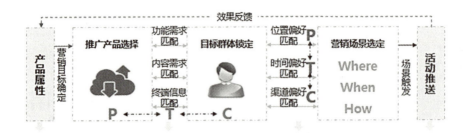

图20-2　场景化营销闭环体系

● 产品及营销方向分析：具体包括产品标签信息综合分析、企业视角的业务推广需求判断以及用户视角的市场需求分布分析

● 产品—目标用户群匹配：具体包括以用户对产品的功能需求、内容需求匹配为纽带、以注重目标群体终端适配性，保障目标群体的业务使用基础

● 目标用户—营销场景匹配：包括基于用户对营销活动的位置、时间、渠道偏好形成营销推送场景预设

● 活动信息推送与反馈：在对应偏好场景条件下及时、精准完成营销推送、实时追踪回传用户活动反馈，完成活动效果评估及新一轮营销方案信息输入

20.1.2　场景引流的方法/手段

（1）借力热点时事为营销触点，特色活动吸引客流。

在广告营销中积极采取多元化的广告战略，在娱乐营销、线上品牌活动、地面宣传、活动宣传等方面均有所涉及，店内通过特色场景体验以及节假日主题营销等活动形式，激发客户兴趣，吸引客户进店，多种营销方式协同增加企业知名度，针对特色产品营销并设置特色体验区激发客户体验乐趣，延长客户进店时间。

（2）采用电子化宣传手段引客入店。

场景引流利用电子化宣传手段引客入店：基于M2M的行业应用，通过预装在手机中的APP向用户发送商铺优惠信息，吸引客户进店以达成宣传入店的目标，详情如图20-3所示。

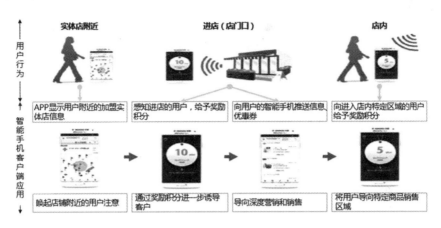

图20-3　电子化宣传手段引流入店

应用场景示例：

场景一：用户来到实体店附近：打开APP了解周围商铺信息，APP显示附近加盟店信息及进店奖励积分及导购信息。

场景二：用户进入实体店：用户走入店内，点击APP中的"check in"，APP画面变为积分奖励及推送优惠活动。

场景三：用户进入特定商品区：点击APP中该区域的"check in"，再次获得积分奖励及促销内容信息。

20.2　送券促销

常态化+阶段性促销结合：京东商城采用常态化+阶段性促销结合的方式，其中，常态化促销手段多样，包括满额减免、降价、折扣等，多属于价格优惠；节假日促销采用免物流、商品五折等，优惠力度及宣传规模更大，详情如图20-4所示。

图20-4　京东商城促销手段

（1）常态化促销。

1）满额减免类：消费额度达到一定时可以减免消费金额；

2）降价类：包括最高降，直降；

3）折扣类：常用促销手段之一，适合大多数商品的促销；

4）时段优惠：包括特惠周，特惠月，限时抢购；

5）其他：购物券，购物送礼品、套餐搭配等。

（2）阶段性促销。

1）物流配送费：商家配送费由京东承担；

2）部分商品折扣：在节日期间京东商城部分商品5折起；

3）其他：让利10亿元活动；送出5000万元礼券活动；等等。

20.3　扫码连接

建立"线上—线下—线上"的销售闭环。

扫码连接的销售闭环，面向客户采取"二维码引流+体验式营销+触发式营销"的主要接入方式和营销手段，打造线上线下协同的闭环电子渠道客户销售机制，创造二次营销机会。

通过二维码的扫描拉引，实现对用户电商化销售的引流过程。

20.4　便捷支付

所有的新零售，都绕不过最后的支付环节。没有新支付，前期的新流程、新体验就缺少最重要的一环。支付环节的升级改造，不是简单在墙上贴一张二维码，沃尔玛、亚马逊、阿里巴巴都在尝试不同的实现方式。

目前市场上流行的零售自助支付终端，主要聚焦在无人或者是自助收银设备上面，从技术层面主要分为五类。

第一种模式是自助收银机方案，这种方案的优势是在于不改变卖场结构、商品品类以及运营模式的前提下，对支付结算通道进行适当的改造就可以完成。该方案基于对已有卖场的收银岛台进行改造，开辟专属的自助收银通道。顾客自主完成采购商品的条码扫描，并且将已扫描的商品放置于自助收银的防损平台上，与服务器中的商品重量库进行比对后结账付款。

第二种模式是Scan&Go，这是沃尔玛在2013年提供的一项自主结账技术，目前国内也有部分超市在使用，例如永辉的扫码购，通过APP把客户的手机转化为手持PDA实现。这一类方案大部分都是基于智能手机开发的，只需要顾客用手机摄像头来扫描商品的条码，就可以进入购物车。离店的时候进行整体结算。

第三种模式是RFID+移动支付。这种模式目前在无人店和一些高端的服装店应用较多，射频识别技术（简称RFID）是一种无线通信技术，实际上简单把它理解条码的无线化。早期主要是应用在飞机、药品以及武器的特殊行业的监管上面。最大的技术优势是在商品表面粘贴了RFID电子标签，在二三十米范围内都可以获得精准的识别。

第四种模式是Amazon Go。早期时候，由于使用了大量自动追踪识别系统，所以当结算中人员超过20位，就会出现不同的崩溃现象。像Amazon Go，它基本上颠覆了传统便利和超市的运营模式，里面大量使用计算机视觉、深度学习，还有传感器的融合技术，彻底跳过传统收银的结账过程，实现了对人的识别追踪以及商品的匹配。但技术上还是需要进一步的磨合，在批量使用上还有一段很长的路要走。

第五种模式来源于阿里巴巴的一些尝试。2017年7月8日，阿里在第二届淘宝购物节上打造了一个无人值守店铺——淘咖啡。淘咖啡是占地200平方米左右的一个实体样板店，集购物、餐饮于一体。

进入淘咖啡的购物过程基本分为三步，进店以后打开手机APP，扫码获得入场码，签署数据使用隐私保护、支付宝代扣等协议，通过闸机后即可进行购物。这个方式和Amazon GO的方式类似，在后续的过程当中几乎不需要再掏出手机进行结算。

20.5　快捷物流

物流配送模式建议采取"业务重点区域自建物流+非重点区域第三方物流合作"的方式，确保自建物流与第三方物流在订单信息、客户交付等方面的无缝对接。

20.5.1　自建物流体系

（1）战略考虑：

1）节省成本：在业务重点城市及一、二线城市，自建物流相比第三方物流更有利于节省成本；

2）竞争要求：与竞争对手物流体系直面竞争。

（2）建设模式：

1）全国统筹的物流配送模式；

2）在全国主要城市建设物流仓储中心。

20.5.2　自建物流与第三方物流相结合

（1）战略考虑。

1）降本增效：在二、三线城市，利润不足以维持自建物流中心的运营；

2）风险控制：二、三线城市自营物流增加企业投资负担和抵御市场风险的能力。

（2）建设模式。

1）与第三方物流合作，完成非业务重点区域的物流配送；

2）利用高校线下优势，招募部分高校代理。

20.5.3　O2O协同物流配送

通过线上下单、厅内取货，厅内下单、物流配送等形式，推广O2O线上线下协同物流。

配送模式共有两种：一是网上下单、厅内取货。客户通过网站、短信、电话渠道下单，到指定门店付款和取货；二是厅内下单、物流配送。门店无库存时，销售人员可以代从网上下单，后期物流配送给客户。

20.6　品质服务

（1）线上便捷预约线下服务。

（2）AT&T基于完备的渠道体系下线上线下协同策略，AT&T推出了三种服务：顾客可在线上订购，两小时内至门店取货；线上订购，到达线下门店体验一对一咨询服务；也可线上参观门店，线下亲临现场进行感受，实现全方位的品质服务。

20.7　多维触点

20.7.1　多维触点特征

触点指的是商品的品牌、产品、服务等在各个方面各个环节与用户的接触点，包括视觉、触觉、听觉、嗅觉、味觉以及心理上所接触的每一个点。

就线下门店而言，用户会通过一系列的接触点来了解和感知一个品牌：视觉效果、产品设计、服务态度与技巧，甚至还有收银、装袋等环节。这些我们定义的用户触点都应与品牌定位保持高度一致，否则，任何一个体验不佳的用户触点都可能从根本上损害品牌形象，并导致客户流失。

在互联网时代，用户接触信息、产品、服务的方式越来越多样，线上客服、线上虚拟体验、全方位的服务越来越成为趋势。而新零售下，这些联系客户的触点被有机、有意识地统一在一起。以消费者为核心，满足未来消费多元化和个性化的需求，使整个购买（触点）体验高效、及时、全面和深入，并形成闭环，称之为全触点串联。新零售革命下，全触点串联必须具备以下特征及内涵：

（1）线上触点完备。

在互联网时代通过APP、公众号、小程序等与客户建立直接的联系，获取数据和客户信息。

（2）精准布局线下触点。

新零售时代，所有的线下触点都可以看作是连通客户的渠道。渠道特色需结合自身策略，作有针对性的沟通内容。对于电信门店，产品、高科技的体验都是连接客户的触点。

（3）线上线下触点相互赋能。

一方面，通过布局线下触点，获取用户，并通过线上工具实现用户留存与画像。另一方面，通过线上触点，引流线下场景，促成购买。最终实现线上线下的畅通无阻，相互赋能。

围绕消费者接触点，打造线上线下打通体系，并通过一体化的供应链体系来提供支撑。可以改变传统粗放的数据收集方式，通过WiFi自动感应、蓝牙定位、对接商户POS系统等方式精准采集用户画像、用户行为数据和用户交易数据。

20.7.2　触点类型

（1）线上触点。

1）在线客户中心。

随着互联网发展，语音渠道式微。更多的客户中心语音渠道服务在萎缩，而非语音渠道服务占比不断增大。在互联网特征明显的客户中心，在线渠道俨然已经成为与客户交互服务的主渠道。而客户对品牌、公司的体验最初也是来源于和一线客服人员的接触，所以客户人员作为全触点闭环上的一点是非常重要的。

2）微信、公众号、APP。

人们通过线上触点能够获得最全面的信息，完成一系列的购物流程。而线上的触点连接，也是收集数据最重要的过程，只有完成这一环节，才能更有针对性地为客户提供服务和产品，满足其要求，并完成品牌亲和力的建立。2018年，微信月活跃人数已经达到了10亿人次，微信成为了人们接受信息的最广泛的触点。

英国快时尚品牌Topshop注重线上营销，通过社交互动建立情感联系。传统零售品牌企业的线上营销内容较单一枯燥，多局限于单向宣传，数字化时代的线上内容也不应简单作为品牌的新闻、促销"公告栏"，而应转为以真正的"社交互动"方式沟通。Topshop就在线上营销内容上集合时尚、音乐、妆容、摄影等生活元素与消费者分享体验，不仅秉承了活泼丰富的品牌文化、页面像杂志一样美观，还恰到好处地与营销相结合。例如社交媒体主页上发布新品走秀图片，直接附上"购买全套""查看搭配"的跳转链接，在浏览时刺激购物灵感、也方便消费者轻松购买。

（2）线下触点。

在新零售的背景下，线下体验不仅仅承担完成客户从下单到付款的机械流程，而是更多地承担体验与感受的作用（见图20-5）。作为与客户连接最重要的触点，线下门店的作用不容小觑，其服务体验营销客户的复购率。零售商通过线上环节，获得了最重要的客户数据和客户需求，就能够在客户被引流到店里时，有针对性地为客户推荐服务及商品。在实体店面，不光商品、店铺陈列、装饰，就连营销服务人员都是对接客户的触点，如何合理有效地配置这些元素、提升在传统零售条件下的效率需要结合当今时代趋势以及技术手段。比如：店铺根据大数据，制定门店周围的消费者画像，依靠数据支持进行运营管理，有针对性地准备陈列商品；营业员根据顾客的喜好预算推荐合适的产品，为客户提供最贴心的服务，还有些店铺使用新科技增强客户体验。而苹果店更是从销售地址列表中去掉了store一词，成为了社区体验点。这些线下触点无一例外都起到了增强客户黏性的作用。

美妆集合连锁品牌丝芙兰在其实体门店融入数字化技术提升体验。丝芙兰集合包括护肤品、彩妆、美容工具等多个品牌的各类美妆产品，除了咨询销售顾问以外，大量顾客偏好自助试用、购物，为此丝芙兰整合科技手段为门店消费者提供便捷体验。例如Sensa互动屏幕能通过简单问答形式，为顾客推荐合适的香水、护肤品，大受喜爱，丝芙兰也为此买下Sensa技术公司以持续提升消费者体验。同时，消费者还可通过"颜色智商"机器精准确定肤色类型及匹配彩妆，减少烦琐的试错过程，帮助消费者极富效率地选出适合肤色的产品，吸引其在门店驻留。其中的启示是，线下企业除了线上触点的布局外，在实体门店也可以融合数字化体验，使各渠道间形成联系，进一步模糊界限，为消费者提供融合统一的极致体验。未来门店的搭建也将以线下各种触点为客户提供体验。

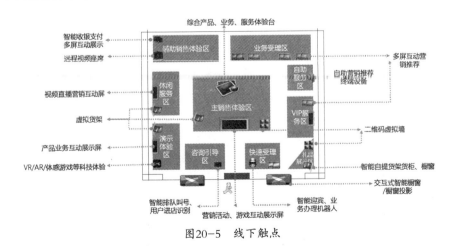

图20-5　线下触点

（3）触点形成闭环。

核心原理在于聚焦用户痛点，精准营销，线上线下互相支持，不再相互割裂。比如当客户完成线上下单，门店会立刻为其打包商品，等待客户根据线上提示的最近店铺而来取货；再比如2016年末，银泰百货内开设的"生活选集"家居集合店，将淘宝上高人气的家居品牌挪到线下，再通过线上线下融合的网络技术，形成新型的实体店铺。

20.7.3　触点营销

做好触点营销首先要具有三大能力：

一是大数据应用能力。重点解决将产品销售给谁的问题；

二是渠道协同能力。重点解决产品在哪个渠道销售效率更高的问题；

三是渠道营销能力。重点解决提高最终营销转化率，并达成交易的问题。

在进行触点营销时还需要注意营销方式。首先新零售基于大数据对商家细分客户、精准营销的能力，那么超细分的个体营销就变成了根本手段，为个体客户全面而舒适的线下体验，让线上导流来的客户形成对店铺、品牌的黏性。其次是基于关键时刻的适时营销，这也需要精准的线上数据，从而计算出客户的需求，为线下吸引客户提供更多可能。最后则是基于客户视图的融合营销，这是新零售的本质，联合线上线下，对于客户360度全方位的了解。

21. 团队组建

21.1 人员能力建设

围绕门店转型发展要求，实现一线管理、营服支撑队伍技能重塑，其中管理人员应加强门店智慧化运营能力，一线营服人员重点加强场景化、体验式营销能力以及轻量智能设备使用。

目标：围绕门店转型发展要求，重点针对一线门店管理、营服两支队伍技能重塑，统一思想，提升能力，提高效率。

21.1.1 一线管理人员（运营管理能力）

（1）关键能力要求。

1）门店智慧运营管理能力。

2）合作伙伴管理能力。

（2）提升方向。

1）厅经理：门店智慧运营能力，包括选址、选品、精准营销、运营监控等。

2）渠道经理：商务谈判、独立市场开拓、合作伙伴维系与管理，便捷式自助设备使用。

21.1.2 一线营服人员（营销推广能力）

（1）关键能力要求。

1）场景化、体验式销售能力。

2）产品交叉销售能力。

3）轻量化、智能化设备使用能力。

（2）提升方向。

1）销售人员：数字智能产品、业务培训；便捷式自助设备使用、用户体验式服务引导、智慧类产品搭载销售技巧。

2）营业人员：快捷化的业务办理，专业、顾问式咨询服务。

3）装维人员：升级工程师，为用户提供装维、娱乐、安防等综合解决方案服务。

21.1.3 层层推进，持续成长

管理部门协同培训部门以训练营、主题培训等形式，通过集中面授对部分一线员工进行能力提升培训，同时建立人员能力提升保证机制；各分公司以集中培训、视频培训、在线学习、研讨交流等方式随时进行业务培训。

（1）多元化培训模式。

1）视频会议，向一线进行能力培训和营销活动的快速传达。

2）标准工作手册，强化基础能力培养；实战通关演练，提升动手实操能力。

（2）培训积分激励机制。

一线人员参加培训后，进行考试获得相应积分，积分与岗位晋升挂钩：培训积分可作为职位晋升依据。

（3）优化技能鉴定。

推动技能认证结果应用，牵引员工持续学习。

21.2　适配考核标准

21.2.1　考核内容

对一线管理人员和营服人员采用两套考核标准，对管理人员的考核分别从销售指标、业务管理、门店管理、培训管理及综合管理五部分进行考核，对营服人员的考核内容包括销售能力、日常表现、服务表现和知识技能四个部分，其中日常表现由管理人员直接评分。

（1）管理人员考核内容和权重如表21-1所示：

表21-1　一线管理人员考核模板

考核指标	权重	考核内容	得分
销售指标	50%	门店营销类指标完成情况	
业务管理	20%	门店智慧运营能力，包括选址、选品、精准营销、运营监控等	
门店管理	15%	商务谈判、独立市场开拓、合作伙伴维系与管理，便捷式自助设备使用	
培训管理	10%	门店业务培训质量、营服人员业务考试合格率	
综合管理	5%	对门店内控、固定资产、设备报修规范等执行情况	

（2）营服人员考核内容和权重如表21-2所示：

表21-2　营服人员考核模板

考核指标	权重	考核内容	得分
销售能力	50%	营服人员当月营销类指标完成情况	
日常表现	20%	营服人员对门店日常管理规章制度、门店阶段性重点工作的执行情况、团队合作情况等	
服务表现	20%	便捷式自助设备使用、用户体验式服务引导、智慧家庭产品搭载服务等	
知识技能	10%	营服人员当月业务考试成绩	

21.2.2　考核成绩核算

对各店管理人员和营服人员考核达成情况进行计算评分，单项考核指标满分为100分，下又细分为若干考核点，并赋予一定分值，且分值之和不得超过该项指标所赋予的得分，成绩得分将会划分为5个等级，A优秀、B良好、C一般、D合格、E不合格，分值区间如表21-3所示：

表21-3　成绩等级

A（优秀）	B（良好）	C（一般）	D（合格）	E（不合格）
100~85分	84~75分	74~65分	64~55分	54分及以下

考核成绩满分为100分，根据各店管理人员和营服人员提交的经营数据，进行单项指标点对点打分，加总后得到该单项指标的得分，再乘以单项指标的权重系数，得出该项指标的得分，再以各项指标得分加总求和的方式计算出营服人员此次考核的成绩，计算方法如下：单项指标得分×权重系数=考核成绩，最后根据成绩得分所在的区间，进行相应的考核评级，年度考核成绩以月度成绩累加的方式得出。

示例：在考核中某门店一线人员管理人员店长A"销售能力"得分89分（满分100分），"业务能力"得分为90分（满分100分），"服务能力"得分为95分（满分100分），"培训管理"得分为80分（满分为100分），"综合管理"得分为90（满分为100分），最后店长A在此次考核中的总成绩为88.5分，考评等级为A（优秀）。

21.3　建设精英团队

21.3.1　训练团队精英

由店长组织店内精英培训，结合门店业务完成情况、短板问题、营销经验，周期性地开展门店内全员交流与培训。鼓励员工参加公司组织的培训、业务竞赛。

目的：通过训练团队精英，提升员工个人能力和团队整体协作效率，在店长外勤时，也能实现对客户需求的快速响应。

思路：团队精英的训练可从团队成员的选拔、培训、能力测评三个方面来进行。

（1）挑选团队成员：店长需结合团队欠缺的角色和候选人的综合素质实现团队内部的互补，具体挑选步骤如表21-4所示：

表21-4　挑选步骤

步骤	要求
步骤一	在开始选人前通常要细致分析岗位的要求，包括所需人员的能力、素质、经验等
步骤二	注意候选人的能力、成就和失败，他对其他人员的依赖性。主要指候选人过去的历史、能力、在未来团队中的合作能力，尤其是对待工作、同事、顾客的态度
步骤三	他过去团队中领导的建议，比如他有哪些优点，哪些不足，忠告和建议
步骤四	让候选人描述一下他的工作职责、对他的期望、要达到的业绩标准，看看他的反应，他能接受的挑战

（2）开展精英培训。

精英队员初选后，店长需要组织开展内部精英队员培训，积极的成长环境，结合门店员工绩效、工作能力开展周期性的交流，给予指导建议，具体培训内容如表21-5所示：

表21-5　具体培训内容

培训模块	具体内容
销售案例分享	1．优秀销售案例介绍 2．成功要素讨论 3．学习和借鉴的地方讨论
营销话术	1．暖场术语 2．产品介绍 3．用户需求跟进 4．售后服务及营销拓展
沟通技巧	1．沟通的基本原则 2．沟通的基本方法 3．如何有效沟通

（3）精英队员能力测评。

通过能力测评，一方面使团队成员明确自身的长处和不足，另一方面在团队内部营造一个正面的竞争氛围，提升团队成员的整体能力。

为此需要店长统筹参与员工能力测评事宜，首先，在门店内部建立考评标准，例如绩效加能力，员工能力的衡量可参考参与培训、竞赛次数、创新想法等；其次，测评实施过程中做到客观公正，针对客观对象；最后，实施奖励，避免团队成员间的恶性竞争。

21.3.2　培育团队精神

团队精神是团队协作精神和服务精神的集中体现，它反映了个体利益与整体利益的统一，是团队高效率运行的保证。

目的：通过培育和增强门店团队精神，进一步激发员工凝聚力和创造力，提升协作默契，提高门店的整体运营效率。

思路：为提高门店的团队精神凝聚力，发挥员工的主动性和创造性，增强员工的归属感，店长可以带领店员参与内部争优活动，如"明星团队""最佳拍档"等，一方面提升员工工作积极性，另一方面也有利于培育团队精神。

实施方法：

（1）达成活动共识。

首先，应在门店内部或门店管理层中间召开会议，初步达成活动共识；其次，运用团队测试问卷，明确现阶段各成员对团队的理解；再次，制定团队共同遵循的价值观与行为准则；最后，制定团队阶段要达成的目标。

（2）制定活动方案。

由店长牵头组织店员参与活动具体执行方案的讨论，根据每个人所提供的建议，确定最终的行动方案。

（3）活动方案实施。

每个门店（或店内的班组）成立一到多个行动小组，确定各自的名称、理念等，并选出小组负责人。统一制作小组展示牌，并在恰当位置展示（如专门的员工园地），开展业务竞赛活动。

（4）活动延伸推广。

由店长牵头，定期组织店与店之间或本店内团队间的营销竞赛、服务之星评选等，积极进行有利于促进团队凝聚力、提升服务意识和业务能力的活动。

（5）活动记录宣传。

门店根据自己的实际情况对团队活动进行明确、详细的记录，统一存档，并进行有关图片完整保存。对有必要的图片或记录可以在恰当的位置进行展示。

22. 智慧门店中必知的黑科技

智慧门店中，黑科技的作用毋庸置疑，为门店的智慧化、科技化提供了坚实的技术支撑。

22.1 支付与结算自动化

22.1.1 Amazon GO（支付解决方案：人工智能、混合传感）

（1）场景描述。

消费者只需要一台智能手机和Amazon GO账号即可完成自助购物的全流程。消费者进入店内打开"Amazon GO"的APP，扫描二维码进入"Amazon GO"商店购物，就可以在货架选购商品，Amazon GO能够自动甄别出商品是否被取出或放回，并将取走的商品加入到消费者的虚拟购物车中，并最终在APP上完成结算，实现即拿即走。

（2）技术应用。

"即拿即走"支付模式的核心技术包括商品识别和用户识别技术。

商品识别技术：商品识别主要依赖货架感应技术和视觉识别技术，视觉识别技术通过摄像头来采集图像数据，采集的数据为用户的手进入和离开货架的图像；货架感应技术通过压力、载荷、红外、体积位等传感器，收集压力、光线、图像等数据，Amazon GO系统通过对这些数据的深度学习，最终判断哪些商品最终被用户取走。

用户识别技术：利用手机GPS、WiFi、AI图像识别等技术，跟踪定位用户，描绘客户轨迹，最终识别用户并对应账号。

通过结合商品识别技术和用户识别技术，Amazon GO完成了用户购买行为的有效识别，实现了"即拿即走"的支付模式。

22.1.2　缤果盒子（支付解决方案：RFID+扫码支付）

（1）场景描述。

缤果盒子目前采用的无人零售解决方案是基于RFID技术，每件商品上都贴有RFID标签，用于结账手段。用户在完成商品选购之后，将商品摆放在收银台的检测区，收银台用过RFID标签感应，完成商品识别后，显示器会自动实现收款二维码，用户利用微信或者支付宝扫描二维码完成支付，然后离店。

（2）技术应用。

缤果盒子的核心技术是RFID技术。

22.1.3　便利蜂智能便利店（解决方案：手机扫码）

（1）场景描述。

消费者可以便利蜂完成自助购物，消费者通过专用的APP扫描商品的条形码选购商品，并在线通过支付宝、微信等方式完成支付，离店时需要再次扫描成功支付的交易凭证。目前，自助选购只支持9件以下的商品，9件以上需要店员人工扫码结算。

（2）技术应用。

智能手机+专属APP。

22.1.4 京东×无人超市（支付解决方案：RFID+人脸识别支付）

（1）场景描述。

购物者只需要登录手机APP，在入门闸机上扫描手机生成的二维码并进行人脸识别，即可进店选购。当购物完毕准备离开时，超市结算通道大门会自动打开，购物者停留数秒便会在手机上收到电子账单，完成结算。

（2）技术应用。

京东×无人超市的结算和支付模块的核心技术为RFID和人脸识别支付。

RFID技术：京东×无人超市主要利用RFID来进行商品的识别，消费者在结算通道停留数秒，即可以完成商品射频信号的读取，完成结算。

人脸识别支付：消费者在首次进店之前需要扫描人脸形成FaceID，并与账户进行关联，离店时自动识别。

结合RFID商品信息自动读取以及人脸识别支付，京东×无人超市可以实现全程无感的支付。

22.1.5 盒马鲜生移动销售智能终端解决方案

（1）场景描述。

使用此终端进行RFID、二维码/一维条码、超高频UHF、NFC识读、DPM识读进行产品识别。并且产品小巧便捷、外表美观符合人体工学、扫描条码及数据传输性能优越，是门店行销的最佳选择。盒马鲜生店内营销人员可通过该手持设备进行产品库存查询、价格查询、付款、货品分拣、订单分配等一系列的环节和步骤。

使用手持式数据终端，盒马鲜生的商品从开始分拣到打包，所消耗的时间已经可以被压缩在1分钟以内。这样一来，便为配送争取到了更多时间。帮助盒马实现"5公里内30分钟送达"的承诺。

在消费者点餐时，工作人员会即时在手持式数据终端上录入点餐内容，并同步传至后厨——大大缩减了点餐时间；点餐结束后，消费者可以现场通过手持式数据终端完成在线支付——无须找零，免去了收付款所需的人工与时间消耗；餐点配齐后，收银员可以通过手持式数据终端向顾客发送取餐消息，通知顾客前来取餐——既降低了餐厅（格外采购取餐器）的成本，同时也避免了顾客排队等餐时对空间的长时间占据问题。

（2）技术应用。

手持式数据终端。支持一维条码/二维码扫描、RFID射频识别、超高频UHF、NFC识读、DPM识读等多种数据采集方式。

22.1.6　京东7FRESH智能购物车（解决方案：智能机器人）

（1）场景描述。

消费者戴上一个手环之后，京东智能购物车就会自动跟在消费者身后，具有自动躲避行人和货架的功能，结束商品选购之后，智能购物车甚至能够代替消费者在结账处排队。

（2）应用技术。

UWB定位跟随。跟随人员佩戴模块，购物车跟随模块通信的时候，通过电磁波的飞行时间测量出人员到行李箱的距离，通过测量微型天线阵列上相位差来计算出人员相对行李箱的方向，将这些信息送给机器人的处理器来调整运动控制单元，从而达到智能跟随的目的，UWB的测距精度可达10厘米，是所有方案中精度最高的。

22.1.7　日本罗森便利店智能购物篮（解决方案：RFID+自助结算）

（1）场景描述。

消费者在选购之间，拿一个智能购物篮，即可像平常一样选购商品。消费者完成选购之后，将智能购物篮放置在配套的Regirobo全自动自助收银机，购物篮底部会自动开启，商品落入槽内并完成打包，消费者只需在自助收银机完成付款后，即可取走商品，收银机支持现金、信用卡等支付方式。

（2）应用技术。

RFID技术，自助收银机。

RFID技术是罗森智能购物篮的核心技术，罗森便利店内每一个商品都有一个RFID标签，购物篮配有RFID传感器，能够自动识别购物篮内的商品信息，结合配套的自助收银机使用，消费者能够完成自助结算和支付，全程无须店员介入。

22.2　室内导航热力图

应用案例：世博源室内导航（解决方案：微信公众号+Beacon蓝牙定位）

场景描述：消费者在世博源内，打开手机蓝牙，关注公众号，即可实现在线的定位和导航功能，消费者能够寻找室内的商家信息并开启导航，同时也可以在公众号内实现空闲停车位的寻找，并导航到目标车位，离开商城时，消费者能够通过导航系统准确地找到自己的车。对于商场管理者和商家而言，能够通过该系统精准获取一段时间内消费者的行为轨迹、热点图等相关信息，调整相关经营管理策略。

应用技术：微信公众号，Beacon蓝牙定位。

22.3　VR/AR沉浸式体验

22.3.1　亚马逊AR家居店（解决方案：增强现实）

（1）场景描述。

消费者在购买家具的时候，经常会遇到想象力不足的问题，买回家的家居往往和整体环境不搭配，亚马逊尝试利用AR技术解决这一痛点，消费者在亚马逊的AR家具店购买家具的时候，可以通过手机进行模拟搭配，直观地感受整体搭配效果，让消费者购买到认为最合适和最喜欢的家具。

（2）应用技术。

增强现实。

22.3.2 天猫智能"试妆魔镜"（解决方案：增强现实）

（1）场景描述。

消费者在购买彩妆、隐形眼镜的时候会遇到试错成本较高的问题，以隐形眼镜为例，隐形眼镜在佩戴之后就不能够退货，试错成本比较高，"试妆魔镜"可以解决这一问题。消费者在线下门店购买隐形眼镜的时候，可以通过魔镜实时观察佩戴效果，避免买到不合适的隐形眼镜。

（2）应用技术。

AR增强现实。

22.4 商品信息数字化

基于客户需求的多样化和商品的极大丰富，门店借助智能化手段进行商品管理，并最终向柔性生产和提供个性化商品过渡。

电子价签已经能做到基于红外传输的定位及商品导航功能；通过先进的触控屏和高精准时3D渲染，让消费者在虚拟墙上从任何角度查看产品，进行旋转、放大，并以全新的方式与商品进行互动；除了银行卡、微信、支付宝等多样化支付方式接入外，刷脸支付等技术的支付手段也将逐渐引入，比如国内阿里的刷脸支付尝试；考虑到RFID运营成本及系统要求的相关问题，通过更为精准的图像识别技术，实现除商品管理之外的更多动态应用。

22.4.1 京东7Fresh"智能魔镜"

场景描述：京东7Fresh为部分水果提供了溯源信息的查询，消费者可以在"智能魔镜"系统扫描水果上的二维码，即可在显示屏幕上获得该水果的产地、甜度等溯源信息。

22.4.2　盒马鲜生"电子价签"（解决方案：电子价签）

（1）场景描述。

消费者能够在电子价签上获得商品的产地、价格、规格等信息，此外，电子价签还是一个智能前台，消费者可以通过手机端的"盒马鲜生"APP扫描电子价签上的条形码，获取商品的更多信息。此外，实体店管理者还能利用电子价签实现实时调价，统一线上和线下的价格，并实时查看商品库存信息。

（2）应用技术。

电子货架、包含二维码识别与产品详细信息的收集APP。

22.4.3　沃尔玛的顾客行为分析系统（解决方案：人脸识别+大数据+人工智能）

（1）场景描述。

沃尔玛正在开发针对消费者的行为分析系统，在收银台上方安装摄像头，捕捉正在排队的消费者的面部表情和肢体动作，通过系统自动分析，获取消费者的满意程度，一旦发现顾客的满意度较低，系统会自动提醒收银员采取针对性的措施以提升消费者的满意度，例如在一个长时间寸步未移的队列中，系统自动识别出队列中心烦意乱的顾客，指示店员前去提供帮助。此外，此系统还能和消费数据进行关联，进一步分析消费者的消费习惯和行为。

（2）应用技术。

加载AI技术人脸识别的摄像头、大数据分析。

22.4.4　Tesco定制化广告（解决方案：人脸识别+大数据）

（1）场景描述。

消费者一般会在收银台停留数秒钟的时间，此时，Tesco收银台附近的广告屏幕，会自动扫描消费者的面部，获取相关面部特征，并根据算法计算得出消费者的年龄、性别的基本信息，从而为消费者推出有针对性的护肤产品。

（2）应用技术。

人脸识别、大数据分析。

22.5　消费场景数据化

消费场景的全面数据化是新零售的战略核心，包括客流数据、商品数据、消费数据、金融数据等。

客流数据化：通过图像识别系统、语音识别系统、WiFi定位系统等获取消费者数据，实现精准画像、精准营销、个性推荐，带动高转化、高复购；视频客流分析系统统计客流数据，评估营销策划效果，知道出入口和通道设置，调整品牌、品类组合，分配导购、物业管理、商场服务人员。

商品的数据化：如物联网技术应用（RFID芯片、二维码）、机器识别等技术下，商品的陈列、定位全部数据化和精准化。进一步举例，智能衣架可进行商品推荐，也可记录衣服的触摸率数据并进行分析和挖掘，使消费者第一时间即可获取当季爆款，也为品牌下一季的设计提供支持；商品数据化后盘点机器人，在指定非营业时间实现自动盘点，高频盘点数据指导进货与存货管理。

服务的数据化：如金融服务、消费信贷服务、信用评估等；再如智能试衣间，系统可给出搭配建议，消费者通过屏幕进行选择，系统记录挑选与更换行为并进行数据挖掘与分析，该系统不仅可提升连带率、促进销售，还将指导门店进销存与判断潮流趋势。

为此，要打造以线上线下数据流通为前提的一体化运营IT架构。将数据与商品、库存、物流、CRM等系统打通，建立云计算平台实现线上线下信息共享与一体化。具体包括线上线下数据一体化、订单管理一体化、产品一体化、营销宣传一体化、交付一体化与会员运营一体化。数据一体化包括线上线下货品品类统一、同品同价；数据一体化包括线上线下数据互通融合、大数据挖掘指导营销；订单一体化包括线上线下多消费场景订单智能分发、订单标准化动作跟进；营销宣传一体化包括营销及宣传线上线下统一策划，协同开展，集中露出；交付一体化包括货品进销存一体化管理、支付方式一体化、账款处理一体化；会员一体化包括会员权益互通一体、会员优惠使用场景线上线下一体化。

22.6 黑科技解读

22.6.1 RFID

射频识别RFID（Radio Frequency Identification）技术，又称无线射频识别，是一种通信技术，可通过无线电讯号识别特定目标并读写相关数据，而无须识别系统与特定目标之间建立机械或光学接触。

RFID类似于条码扫描，对于条码技术而言，它是将已编码的条形码附着于目标物，并使用专用的扫描读写器，利用光信号将信息由条形磁传送到扫描读写器；而RFID则使用专用的RFID读写器及专门的可附着于目标物的RFID标签，利用频率信号将信息由RFID标签传送至RFID读写器。

RFID技术中所衍生的产品大概有三大类：无源RFID产品、有源RFID产品、半有源RFID产品。

无源RFID产品发展最早，也是发展最成熟，市场应用最广的产品。比如，公交卡、食堂餐卡、银行卡、宾馆门禁卡、二代身份证等，属于近距离接触式识别类。

有源RFID产品，其远距离自动识别的特性，决定了其巨大的应用空间和市场潜质。在远距离自动识别领域，如智能监狱，智能医院，智能停车场，智能交通，智慧城市，智慧地球及物联网等领域有重大应用。

半有源RFID产品集有源RFID和无源RFID的优势于一体，在门禁进出管理，人员精确定位，区域定位管理，周界管理，电子围栏及安防报警等领域有着很大的优势。

22.6.2　人脸识别

人脸识别，是基于人的脸部特征信息进行身份识别的一种生物识别技术。用摄像机或摄像头采集含有人脸的图像或视频流，并自动在图像中检测和跟踪人脸，进而对检测到的人脸进行脸部识别的一系列相关技术，通常也叫作人像识别、面部识别。

人脸识别系统主要包括四个组成部分，分别为人脸图像采集及检测、人脸图像预处理、人脸图像特征提取以及匹配与识别。

人脸识别产品已广泛应用于金融、司法、军队、公安、边检、政府、航天、电力、工厂、教育、医疗及众多企事业单位等领域。随着技术的进一步成熟和社会认同度的提高，人脸识别技术将应用在更多的领域。

（1）企业、住宅安全和管理。如人脸识别门禁考勤系统，人脸识别防盗门等。

（2）电子护照及身份证。中国的电子护照计划，公安部一所正在加紧规划和实施。

（3）公安、司法和刑侦。如利用人脸识别系统和网络，在全国范围内搜捕逃犯。

（4）自助服务。

（5）信息安全。如计算机登录、电子政务和电子商务。

22.6.3 UWB定位跟随

UWB（UltraWideBand，超宽带）是一种以极低功率在短距离内高速传输数据的无线通信技术，UWB具有抗干扰性能强、传输速率高、带宽极宽、消耗电能小、发送功率小等诸多优势，主要应用于室内通信、家庭网络、位置测定、雷达检测等领域。系统容量大发送功率非常小，其电磁波辐射对人体的影响也会很小。

采用UWB进行无线定位，可以满足未来无线定位的需求，在众多无线定位技术中有相当大的优势，目前的研究表明超宽带定位的精度在实验室环境已经可以达到十几厘米。此外，超宽带无线电定位，很容易将定位与通信结合，快速发展的短距离超宽带通信无疑将带动UWB在定位技术的发展，而常规无线电难以做到这一点。

22.6.4 Beacon蓝牙定位

Beacon是一种基于低功耗蓝牙的通信协议，配备该协议的蓝牙设备向周围发送自己特有的ID（相当于一个小型的信息基站），移动设备可接收Beacon设备的信息。可以应用在室内导航、移动支付、店内导购、人流分析、物品跟踪等所有与人在室内流动相关的活动之中。

尽管与NB-IoT、RoLa 这两种LPWAN技术相比，小型蓝牙物联网网络的传输距离并不具备优势，但是这种网络部署更加灵活，成本也比较低，整套方案只需要一两万元钱，很多集成商仍然有应用需求，适用学校、老人院等小范围覆盖的场景。

22.6.5 VR/AR

VR虚拟现实技术是一种可以创建和体验虚拟世界的计算机仿真系统，它利用计算机生成一种模拟环境，是一种多源信息融合的、交互式的三维动态视景和实体行为的系统仿真，使用户更容易沉浸到该环境中。

虚拟现实是多种技术的综合，包括实时三维计算机图形技术，广角（宽视野）立体显示技术，对观察者头、眼和手的跟踪技术，以及触觉/力觉反馈、立体声、网络传输、语音输入输出技术等。

AR增强现实是一种实时地计算摄影机影像的位置及角度并加上相应图像的技术，这种技术的目标是在屏幕上把虚拟世界套在现实世界并进行互动。这种技术最早于1990年提出。随着随身电子产品运算能力的提升，其增强现实的用途越来越广。

AR技术不仅与VR技术有相类似的应用领域，诸如尖端武器、飞行器的研制与开发、数据模型的可视化、虚拟训练、娱乐与艺术等领域具有广泛的应用，而且由于其具有能够对真实环境增强显示输出的特性，在医疗研究与解剖训练、精密仪器制造和维修、军用飞机导航、工程设计和远程机器人控制等领域，具有比VR技术更加明显的优势。

23．IT通信类门店实战操作

IT通信类智慧门店包括销售区、服务区及体验区，传统实体门店通常仅以销售及业务办理为主，忽略了体验和服务的重要性，并且对功能区域划分不清晰。新零售趋势下，线下门店成为了各行业企业树立品牌形象、吸引客户体验的主战场，因此必须明确消费者需求，确定销售、体验、服务三区的定位和功能，通过三区相互融合、相互引流，实现销售、体验、服务一体化，提升门店价值，增强顾客体验感及满意度。

销售区：即以销售和产品展示为首要目标的功能区域。以电信运营商门店为例，过去运营商通常将门店打造成单一销售区域，为有购买码号、终端等需求的客户提供售卖和业务咨询服务。新形势下，销售区不仅需要引进丰富的产品品类以吸引客户，同时需要加入更多的新科技元素，使消费者消费更简单快捷，迎合主流顾客偏向快速自主购买支付的消费模式。

体验区：顾名思义为客户提供多品类设备的体验场所。如电信运营商门店，除电脑、手机等3C产品外，增加更多高科技新兴产品，增强消费者的参与感和体验感。消费者希望在舒适的环境中，得到在日常生活中体验不到的高科技产品的沉浸式体验经历，并获得专业人员适当的讲解和使用指导。

服务区：传统门店服务区主要指为办理业务或购买产品等客户解决

问题的咨询窗口。新零售门店下服务区不仅要为顾客解答业务疑问，还需要在客户有需要时介绍新产品，如运营商门店中的AR眼镜、无人机、智能音箱等新兴产品的功能及使用方法等，提升顾客对新产品的兴趣。

新零售时代，门店三区在物理空间上的划分逐渐模糊，为消费者提供"一站式"、综合性服务成为门店终极目标，因此在智慧门店改造上应体现三区融合理念。

要达到三区融合的目标，需要对门店进行全方位的改造。承载用户不同的需求，通过功能布局、产品陈列、品类选择、场景化销售、注重服务体验、移动化业务办理、动线设计、设施智能互动、炒店促销、形象包装、展示多样等实现多元化的分区功能。

23.1 布局专区化，功能区域划分更明确

传统门店的区域布局较为冗杂，功能区域划分不明确，无法激发客户的进店欲望与购买欲望，在布局方面可以借鉴先进的互联网企业及部分硬件终端企业。

23.1.1 京东之家

京东之家内部划分为体验、展示、收银、娱乐休闲四大功能区。

体验区设置手机体验桌、数码体验桌、圆形中岛体验桌，主要针对爆款、热销及限量产品，进行集中化展示体验，方便用户触达和参与体验。

手机体验桌结合区域用户终端使用偏好，集中展示旗舰终端展示、体验，如图23-1所示。

图23-1 手机体验桌

数码体验桌通过多层体验柜台设计，热销终端、配件关联、交互式摆放，如图23-2和图23-3所示。

图23-2 数码体验桌

图23-3 圆形中岛体验桌

在展示区，与传统零售注重经营货品或经营流量不同，京东之家以经营场景为核心，依托数码展台、弧形展台、立体展台，进行场景主题陈列，实现通用型产品互动摆放、关联产品互联互通。

数码展台通过设计适用科技、儿童、旅行等多种场景，主要产品包括防水音响、JDread阅读器、对讲机、收纳包等，如图23-4所示。

图23-4 数码展台

弧形展台主要摆放工艺品、化妆品、自拍杆等，如图23-5所示。

图23-5 弧形展台

立体展台通过立体货柜，形成产品展示墙，同时也可作为储物柜，主要摆放路由器、家电、电动牙刷等，如图23-6所示。

图23-6 立体展台

在收银区，京东之家推出了刷脸支付新体验，客户可在收银台电脑屏幕上刷脸支付二维码，快捷支付提升支付效率，如图23-7所示。

图23-7 收银台

在休闲娱乐区，还设置针对儿童的活动场所，如图23-8所示。

图23-8 休闲娱乐区

23.1.2 超级物种

永辉超级物种分为17大功能区域，涵盖食品、生鲜、电器、家居、个人护理等领域，满足客户"一站式"日常生活所需，如图23-9所示。

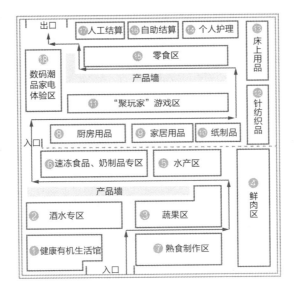

图23-9 门店布局

基于布局专区化理念，以通信运营商门店转型为例，设计如图23-10所示：

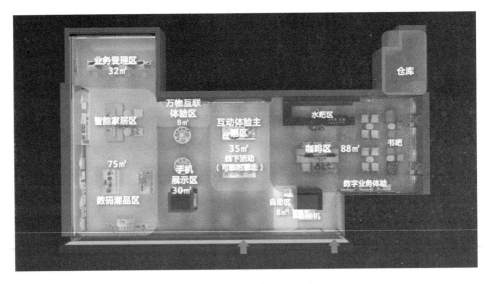

图23-10 通信运营商门店布局

在客户进门左手边为产品区域，划分为手机展示区、数码潮品区、智能家居区、万物互联体验区，陈列展示运营商的核心产品，并在出口处设立业务受理区，便于顾客了解产品后能及时购买离店，进门右手边为休闲区域，划分为以水吧、书吧、数字业务体验构成的咖啡区和娃娃机等自助式娱乐产品的自助区，便于客户进店休息，正对大门的区域划分为互动体验主题区，可临时撤走用于举办下线活动，吸引消费者进店体验。

23.2　陈列模块化，营造门店氛围

产品陈列是为了更方便服务顾客，帮助顾客更清晰快速地查找产品的同时增强消费者对门店的第一印象。"陈列"不仅是用户沟通和用户体验的开端，也直接影响着产品销售量，特点鲜活的陈列也可以使门店的形象变得鲜明、生动，提升品牌化形象和用户忠诚度。陈列模块化是指门店整体陈列的结构，要求门店通过不同的陈列方法，例如产品功能陈列、产品特征陈列等不同方法陈列的模块组合，体现出门店独特的形象定位和零售氛围，从而影响到消费者。

以下归纳三种不同的模块化陈列方式：

（1）同类产品集中摆放。

根据不同品类的产品特征进行模块化陈列，例如通信运营商门店产品可分为"终端及智能硬件类""手机周边及3C产品类""移动业务类（主要为虚拟产品，需要结合其他实物类产品进行嵌入式陈列）""生活电器类""高科技产品类""运动产品类"将不同特征的产品进行组合，形成不同的有规律的模块。

（2）同一品牌产品分区模块化陈列。

例如运营商门店可将三星、苹果、华为、小米等电脑、手机各种旗舰产品分隔专区陈列，并以醒目标牌提示区分。

（3）关联产品对应陈列。

功能互补的产品可就近陈列，仍以运营商为例，终端硬件摆放在展台上，相关配件产品悬挂在其下方，实现产品联动捆绑销售。

运营商三类产品模块化陈列示例：

（1）终端及智能硬件类产品。

应以场景化、交互式陈列为原则，与相应的生活厂家匹配，例如扫地机

器人、智能摄像头、智能家电等可放入智能家庭场景中陈列，不仅可以融合场景化、增强客户体验，同时有效的互动也提升了客户的购买欲望。

产品展示类型：无线路由器、电力猫、智能监控摄像头、儿童手表、VR 眼镜、智能插座、智能灯泡、蓝牙音箱等（产品配有标识和简洁说明，部分产品配有滚动宣传视频）。

（2）手机及3C产品。

可以参考苹果、小米的开放式陈列方法，体验区设置相关的产品橱柜，方便客户查看体验和购买，其中与手机应用紧密结合的智能产品或同类配套产品应集中摆放。

产品展示类型：VR 眼镜、蓝牙音箱、耳机、电源线、充电宝等。

（3）通信业务类。

流量产品和套餐类产品集中在销售区和体验区展示，将内容与硬件相适配；数字化服务类产品集中在数字内容体验区，展示一整套数字化解决方案。

产品展示类型：传统流量、套餐以二维码形式展示为主，数字内容应用主要包括音乐、游戏、阅读和视频等。

华为的终端销售门店内产品依据六大原则陈列：显而易见原则、趁手可拿原则、货品满架原则、横向陈列原则、纵向陈列原则、分区定位原则，在保证店内布局整齐规范的基础上，尽可能便捷客户体验，完善线下渠道服务体系，如图23-11~图23-16所示。

图23-11　显而易见

图23-12　趁手可拿

图23-13　货品满架

图23-14　横向陈列

- 红色区域：P8系列（占比50%）
- 蓝色区域："三7"系列（占比30%）
- 绿色区域：其他（占比20%）

图23-15　纵向陈列

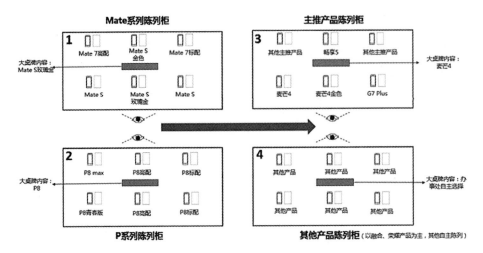

图23-16　分区定位

23.3　产品智能化，与客户无缝对接

在移动互联网和物联网浪潮下，智能化产品已成为门店必备陈列品，这一点在通信行业门店体现得尤为明显。在2G/3G时代，运营商作为"号卡销售商"，门店产品以功能机为载体，进行号卡办理和话费缴纳等业务，由于当时客户对号卡的需求刚性较高，因此运营商不太重视客户体验，只是纯粹通过机卡套一体化营销手段不断进行号卡价值的深度挖掘。随着科技的进步，4G时代运营商转型为"终端销售商"，与各大手机厂商合作推出合约机，进行智能终端的售卖，并为载体提供流量、宽带等业务的办理，在此时期，随着移动互联网的兴起，客户对流量的需求刚性较高，而号卡则由于市场逐步饱和而开始进入存量经营时代，运营商以流量卡为主打，抢占用户的第二卡槽。

如今，随着4G+时代的来临，流量进入不限量时代，客户对流量的需求刚性虽依旧较高，但已无法为运营商带来更高的利润收益，因此，在号卡、流量之后，运营商下一阶段的核心产品应如何转型成为了思考重点，依据国际运营商在4G+时代的转型趋势与特点，以产品智能化为核心的"智能产品销售商"成为转型策略。

产品智能化体现在四方面：产品销售智能化、业务办理无纸化、支付方式多样化和物流配送及时化。

产品销售智能化，即产品的智能化与销售的智能化，二者相辅相成。例如，运营商门店在销售智能终端的同时，应引入智能硬件扩充产品生态，如智能家电产品和智能穿戴设备等，该类产品往往通过软硬件结合的方式，采用"云+端"形式的架构，为传统产品赋能，使之实现远程控制、语音识别等智能化功能；同时，在产品的销售上应秉承"线上线下促融合，千店千面智选货"的选择，前者即在传统的线下销售之外，应广泛引入线上销售渠道，如为每个门店建立网店或与第三方电商平台合作，通过该方式触达更多的潜在客户，并为每个产品建立二维码标签，客户可店内选购，线上购买，后者即建立大数据智能选品平台，通过调研的方式了解周围客户群的年龄、收入等信息，输入大数据平台分析最可能受周围客户群体欢迎的产品进行上架，在销售过程中分析店内消费者兴趣关注、场景停留时间等行为数据，对产品进行二次迭代，实现千店千面。

业务办理无纸化，即门店"全业务，全流程"电子化，用电子协议替代纸质协议，解决门店在业务受理中纸质协议存在的成本问题、管理问题和效率问题。通过与专业公司合作搭建前台无纸化业务受理系统，将现有业务系统的纸质文件转变为电子版式文件，以虚拟打印的方式替代现有的打印机，以电子签章替代现有的盖章，以电子手写签名替代现有的纸张签名，形成从电子回执、电子签名、电子盖章、电子扫描、电子归档、电子查询到电子稽核，全面覆盖业务受理及管理过程，实现门店全流程全业务受理无纸化，从而达到降低运营成本、提高效率、优化服务质量、强化内控及规范流程的目标。

支付方式多样化，即门店支持多种支付方式，满足不同客户的差异化需求。随着银联网络和互联网的快速发展，支付方式日趋多元化多样化，既有传统的现金支付，也有线下刷卡支付，还有基于互联网的移动支付。门店除了继续保持现金及刷卡支付外，还应增加移动支付，例如二维码微信支付、支付宝支付、京东白条等。

物流配送及时化，即利用大数据、AI等高科技技术，打造门店智慧物流。新零售门店转型的背景下，业务范围扩大，产品数量及品类、市场物资等各类物资总量迅速增加，现有的物资仓储模式、配送体系、信息化支撑系统等已经不能满足新零售的管理需求，因此打造智慧物流，实现物资管理的最优化流通，最终实现与消费者真正意义上的"无缝对接"。

23.4　销售场景化，向客户需求转变

23.4.1　场景化定义

移动互联网和共享经济时代下，场景体验成为了关键词和核心入口，"场景"无处不在，在特定的时间，空间和人的行为存在特定的场景关系，任何一个生活场景，都有可能转化为实际消费。场景不仅提供了营销活动所需要的场所，也成为了促动营销活动的力量，通过潜移默化地输出产品及相关信息，打动用户内心，产品本身也因此获得关注。不同于传统的4P产品营销推广思维（即产品、价格、渠道、促销），在场景时代，"体验"是决定用户消费意愿、消费动机乃至最终转化环节的核心，市场开始由传统的价格导向转为场景体验导向。

23.4.2　门店场景化改造

把重心转移到消费者身上，以消费者的生活场景为中心，对目标消费者的生活方式准确洞察、深度研究，了解未被满足的需求，搭建个性化场景，为目标消费者创新出一种新的生活方式，满足他的新生活方式需求。

场景化营销中的场景构建离不开时间要素、空间要素和行为要素，这三种要素围绕场景化营销中的"人、物、场"三个核心发挥作用。其中，人是场景化营销中的主客体，是场景化营销的起点和终点；物是场景化营销的对象，也可以是无形的技术或服务；场是场景，场景是有效连接人和物的渠道。如图

23-17所示，在"人、物、场"的相互作用下出现了场景化营销的场景。

时间要素：典型的时间安排，早、中、晚、周末、节假日等，不同的客户群体有其特别的时间场景。例如学生群体的开学时间场景，上班族上下班时间场景，需要在分析目标客户的前提下，搭建符合他们的时间场景并进行营销。

空间要素：场景中的"空间"指地理范围空间，地理空间由背景和物体构成。家、路上、地铁上、办公室、咖啡厅、超市商城、电影院、健身房、公园里、海边，每一个由地理空间和特殊物体构成的具体空间场景，用户都对其有不同的功能诉求。可以把目标群体最生活化的场景搭建在智能门店，例如"家"这个大场景，分析目标用户对"家"场景的诉求，"安全""温馨""舒适""智能"等，同时可以把家场景细分为更具体不同的空间，如"厨房""客厅""卧室"等。

行为要素：跑步、驾车、吃饭、购物、社交、听音乐、玩游戏、打电话等，日常生活天天在付诸动作的行为，也是场景构建不可缺少的因素之一。

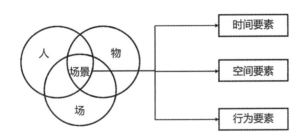

图23-17　场景化营销三要素

通过挖掘用户在特定场景中的信息需求和服务需求，进而进行相应的信息适配，实现基于用户生活场景的信息服务，如表23-1所示。

表23-1　特定场景的服务需求

按照时间、空间、行为维度的场景梳理			时间维度			行为维度
	假日		工作日			
	长假	周末	上班期间		下班时间	
			早晚高峰	其他		
	行为维度					
空间维度	城内	商业区	商超			
			餐厅			
			影院			
			KTV			
			健身/运动			
			茶馆			
			咖啡厅			
		工作区	写字楼			
			酒店			
		生活区	社区			
			市内公园			
			住宅/生活区			
		公共设施区	医院			
			加油站			
			学校			
			政府机构			
			机场/车站			
	城外	On Road	工厂			
			仓储			
			省道			
			乡村			
			景区/度假村			
			高速公路			
		Off Road	砂石			
			山区			
			草原/牧场			
			平原			
			冰原			

（1）跨界融合，引入新技术支撑。

以运营商门店为例，运营商智慧门店可与不同行业进行跨界融合，利用其技术、产品和客户流打造智慧体验门店，增加与消费者之间的黏性互动，实现门店新零售转型。

可以考虑引入超市化的概念，通过智能手持终端、电子价签、在线自助选购、二维扫码等信息技术，优化购物流程，给消费者全新的"一站式"购物体验。

同时利用好大数据分析和人工智能技术（人脸识别系统等），将数据监测和管理用于记录分析场景中人的行为；其次是硬件技术，包括移动设备，传感器，定位系统，这类技术可以视作场景中人与物沟通的桥梁，主体通过移动设备，通过传感器和定位系统感知场景，场景也通过传感器和定位系统来感知主体，在硬件设备的支持下，场景从无生命的冰冷场，变得具有感知能力，变得富有智慧。

（2）打造"展示+参与+互动"的门店模式。

在场景上，门店可设置信息发布管理中心，利用智能化综合管理平台同步更新各营业网点最新数据，并通过数字互动触屏、模拟终端设备和实体场景参与体验等多种形式，突出"展示+参与+互动"的门店模式。

23.4.3 场景化营销方式

场景化营销是指针对消费者在具体的现实场景中所具有的心理状态或需求进行的营销行为，从而有效地达到目标。场景化营销的核心是具体场景中消费者所具有的心理状态和需求，而场景是唤醒消费者某种心理状态和需求的手段。

（1）识别锁定目标受众，发现痛点。

通过相关的数据分析，进行用户分类，获取目标人群画像，用户分类的方式多种多样（根据用户的生理特点、年龄、性别等；有根据地域划分；社会地位、家庭角色、公司职位划分；根据用户的活跃时段划分等）。通过数据分析发现分类人群的痛点。

（2）匹配痛点的场景洞察。

目标用户分类后，洞察不同类别下人群的使用场景。按功能划分的场景，听音乐、打电话、玩游戏；按使用场所的场景，路上，公交车上、公园里、办公室、海边；按时间划分的场景，早、中、晚……将用户的痛点分别匹配到用户的使用场景中。

（3）打造全流程体验场景，吸引用户互动。

借鉴多种创新营销模式，通过分解用户在线下渠道内服务流程环节，进一步定位各环节可能触发体验式营销场景的各触发要素，引起客户的情感共鸣、获取客户的情感认可，才能让客户非你不可。

1）进店：用户基于初步体验消费需求进入门店内浏览或咨询或办理业务情景。

2）体验：用户体验过程中的情景：用户为满足心理需求，对于产品外观、功能等进行观察和体验。

3）消费：用户在体验后进行消费的情景：结合体验过程的感受和心理预期，进行购买消费的活动过程。

4）驻留：用户在消费后并没有马上离开，而是在门店内驻留的情景。

23.5　服务体验化，增强客户服务体验

互联网时代，体验与服务相互依存，体验不仅是营销，更是服务。中国移动有"集团业务体验厅"，并尝试开办了"咪咕咖啡"——线下门店不仅用来办理电信业务，也是向用户推广中国移动旗下视讯、动漫、阅读、游戏等内容产业的体验场所。中国电信有"信息生活体验馆"，中国联通把咖啡搬进了"沃生活馆"。

新零售时代，体验更是成为门店重点改造。中国联通与京东、天猫线上平台深度合作，建立"联通智慧生活体验店"，在门店功能设计、先进技术引进方面亮点颇多，如先进的人脸识别展示屏、高度场景化的设计、人性化的

自助终端、带二维码的产品价签、可记录产品拿起次数的TAKE技术，通过引进先进的技术来替身用户服务体验。

23.5.1　引进智能化设备，增强服务体验

（1）阿里的互动云货架，集视觉、听觉、触觉于一体的新零售展陈设备。当用户拿起商品时，大屏会跳出相应的视频和图片，全方位展示商品价格、详情、使用方法等，并支持用户扫码一键购买；通过多媒体、三维建模、场景融合等新技术手段，门店可以搭建"AR扫货购"的体验场景，用户通过手机淘宝扫描实物商品，即可获得线上评价、商品详情并可以实现在线购买，由此极大提高了用户的服务体验感，以及与商品的实时交互性。

（2）结合人脸识别系统、体感互动 LED屏、全息互动橱窗、3D立体沉浸投影、高清视讯核心平台、360° 监控系统等智能硬件设备和系统，打造兼具高科技感和访客互动参与感的新零售门店，实现重点门店人员、陈列、活动、销售情况的全方位直观掌控，结合历史数据分析，为顾客提供更具个性化特色的服务。

23.5.2　打破传统的柜台式服务格局，实现零距离服务

门店的业务办理应该打破以往冰冷的柜台结构，采用贵宾式一对一咖啡吧台式设计，拉近与顾客的空间距离，让每个顾客都能感受到全新的VIP级别贵宾体验，增强门店的服务体验，迎合消费者的消费习惯，促进门店的转型和销售。

23.5.3　标准化的门店设计以及员工统一着装，为客户提供优质的购物服务体验

门店的设计要做到标准化和统一化，让客户进店后的感知一致，同时统

一的员工着装也会提升门店的专业化程度，提升客户购物服务体验。

23.6 办理移动化，优化业务办理效率

为了解决传统门店业务办理烦琐冗杂的痛点，企业应充分利用大数据、人工智能等技术，引入轻量化、便携化、智能化的设备，实现人员解放、效率提高与体验提升，国内外先进标杆企业已经积累了丰富的成功实践经验，形成了智慧门店业务办理移动化成熟解决方案，包含客户到厅前至、客户到厅时和客户离店后三个阶段。

在客户到厅前，智慧门店应做到需求触发、信息搜集、智能分析与智能引流四个步骤。

首先，应强化门店互联网化建设，为每个重要线下门店建立一个与之匹配的线上门店，线上门店应采用APP、微厅、PC端等多入口登录机制，并统一线上线下产品的类别、价格与库存。

其次，应借助大数据系统汇聚客户线上线下信息和数据，基于客户的个人信息与业务偏好等内容，构建客户画像；通过客户画像，企业应匹配客户常用的信息渠道，智能推送客户可能感兴趣的内容与业务。

最后，通过线上门店实现客户分流，客户可在指定门店进行线上排号或智能安排附近人数最少的门店进行业务办理，提升客户的用户体验。

客户到厅时，门店人员应及时同步客户信息，显示客户的消费轨迹与客户需求，并将复杂业务解耦，前台甩单到后台集中处理，辅以灵活的支付方式与物流系统，实现业务的快速办理，提高门店工作效率。

客户离店后，门店应针对物流进度、产品安装进度等内容进行服务跟踪并通过短信、APP或微厅的方式推送至客户手中，方便客户了解业务进度。在业务结束后，门店应通过短信、电话及网络的形式获取用户满意度评价，并根据评价进行客户数据的更新与服务的优化，为客户下一次消费做准备。

基于从客户到厅前至客户离店后的全流程中可移动化的相关环节，智慧门店应引入以下三类移动化设备：第一，互联网化销售设备，如人脸识别一

体机，可实现身份认证、补换卡和复杂业务的办理，客户可自助获取服务，大大减少了门店人员的工作量；第二，交互体验式设备，如互动触摸屏、语音客服机器人和虚拟商品墙等，构建娱乐互动、自助咨询和商品展示体验等场景，吸引用户进店体验；第三，智能感知设备，如WiFi探针和Take技术，WiFi探针可以实现客流数量与在店时间等信息的收集与统计，实时更新进大数据系统，Take技术可实现在客户拿起商品后自动播放产品介绍，并记录每件商品被拿起的次数。

通过流程的优化与设备的引进，企业门店可优化业务办理效率，实现办理移动化。

23.7　动线舒适化，尽可能多浏览商品

动线，即人在室内室外移动点连接起来形成的线，引申为客户在门店内移动的浏览路线。动线设计对于具有展示并进行售卖的门店尤为重要，如何设计动线能使客户在移动时感到舒适，且尽可能多地浏览陈列的商品，是企业智慧门店转型需要考虑的问题。

动线的布置方式可分为棋盘格状、放射状、树状与单一回环曲线四类。

棋盘格状布置将商品按类别分类再进行分区，像棋盘一样分布，适用于商品繁多品类齐全的超市或商场使用，便于顾客有目的地快速获取自己所需的商品，同时尽可能地通过货架和产品墙的摆放形成天然的隔断，使顾客尽可能多地浏览更多的商品，增加顾客购买其他商品的可能性。

放射状布置以中心的广场为核心，动线往四周放射形延伸出去，周围或开辟多个出入口，适用于内部核心区域有较强吸引力的商品。

树状布置则是以一条主线为贯通出入口，再辅以多条支线，支线各成板块，该布局便于消费者自主选择想要购买商品的板块进行快速购买。

以上三类各有优点，但缺点也较为明显，即各区域之间相对较为独立，人流分享效果不明显，消费者未必会走完全部路径，这会导致部分区域消费者无法触达，尤其是不常用商品区域容易形成客流"冷区"，因此，小米、

宜家等售卖低购买次数（如手机、号卡、家具等）的企业常常采用单一回环曲线的方法布置门店。

单一回环曲线的布置方式是以中心区域为核心，在四周布置一条环绕的动线，且在动线外侧布置展示柜台，陈列商品，使得顾客在不需要引导的情况下自行走完整个门店的所有角落，提高每一角的商业价值。

图23-18为某企业传统门店动线布局，客户可由沿着终端体验区周围虚线绕终端体验区一周，完成终端的体验与购买，也可由右半部分网厅虚线所示路线直达业务受理区，快速完成想要办理的业务。但该动线布局存在以下四个问题：

（1）客流冷热不均。根据"右手法则"，客户进厅习惯性向右走，右侧为天然客流"热区"，该布局主要聚客区域为业务办理区，天然客户热区与业务办理区重合，导致左侧大面积客流"冷区"。

（2）客户动线较短。目前门店内主要存在"业务办理"与"体验购买"两条动线，两条动线距离均较短、连接的区域少，使中小企业体验区、数字家庭体验区、潮品区等未连接区域成为客流"冷区"。

（3）区域联动不足。如图23-18所示，潮品区与数字家庭体验区联动较差、布局太近；数字家庭体验区沙发使客户背对终端体验区等其他区域，形成视觉死角；且终端体验区、配件区、潮品区联动关系未充分体现。

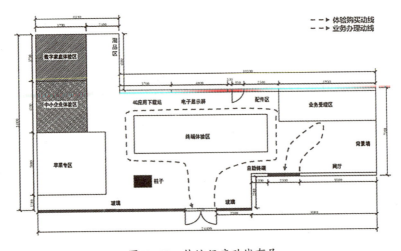

图23-18 传统门店动线布局

（4）引流手段不足。引流区域设计较为传统，个性化特色不显著，联动化、场景化、科技感与时尚感强的引流区域待进一步优化，且潮品区过于内置、品类单一，无法有效起到吸引客户的效果。

基于以上四个动线布局问题，根据单一回环曲线式动线的思路而优化后的动线设计图如图23-19所示：

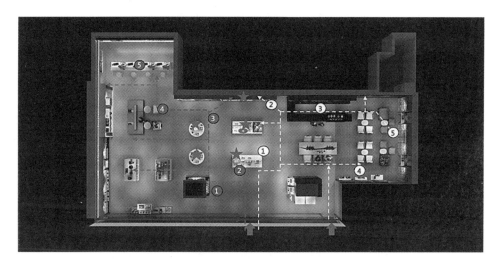

图23-19　优化后的动线设计图

如图23-19所示，左半部分区域虚线是业务办理路线，客户在该虚线1号区域进行前置分流，途经2号、3号、4号区域，对终端、智能家居等产品进行潜在了解，并在出口处的5号区域业务办理区进行购买；右半部分虚线是休闲娱乐路线，客户在该虚线1号区域进行前置分流，对休闲区域提供的咖啡、小食等产品进行了解并购买。五角星标注的是终端、智能硬件、潮品区和互动体验区，也是门店销售的核心区域，客户无论是办理业务或休闲娱乐均经过该区域，客流聚集能力高且不易造成客流冷热不均等问题。

23.8　设施互动化，增进感性认识

现代信息技术的不断进步，以及消费者消费习惯的变化，不仅需要增强工作人员与消费者之间的互动，增强人与设施之间的有效互动也成为了必要。

智慧门店需要引入全套数字化新型设备，包括咨询机器人、自动应答感应器、自助结算机等，增强人与设施互动，为到店的顾客营造全新的互动式体验。

充分运用VR和AR等技术，通过触摸、操作等方式帮助消费者身临其境地体验产品在实际使用中的真实形态，增进消费者对产品的感性认识，同时还可以让消费者根据自己的实际需求参与到产品的设计中，推出个性化定制产品，从而提升销量。

（1）VR/AR技术。

聚焦数字世界的体验和测试，并展示多样化的应用，门店展示最新的VR眼镜，为顾客带来360度全新沉浸，如图23-20所示。

图23-20　VR 360度浸染体验

（2）引进交互式设备。

1）自助查询或自助业务办理设备。

由于部分年轻消费群体有时候并不愿意直接与工作人员接触交流咨询，因此智能机器人可以通过人脸识别系统，辨别出顾客的过往产品、业务购买信息轨迹等，通过智能手机或数字显示屏为客户提供更个性化咨询服务。

2）销售、咨询机器人。

门店中放置智能机器人不仅可以吸引客户的注意和兴趣，在业务高峰时可以有效调节客户情绪，同时还可以为消费者讲解企业最新的相关业务和产品，匹配最合适的业务给消费者，通过数字显示屏和语音提供个性化的营销和促销活动。销售咨询机器人应具备移动避障、智能讲解、引领带路、语音对话、巡游展播、人脸识别等多个功能，如图23-21所示。

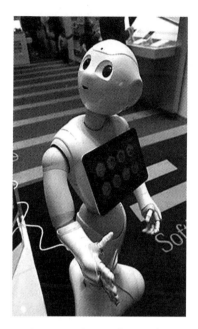

图23-21　机器人自助化导购

　　智能自助化设备一方面除了可以提供贴心服务外，还能够快速地辨别消费者，为消费者提供最匹配的产品及业务服务，另一方面也为工作人员减轻了负担压力。

23.9　炒店娱乐化，获取更多关注度

　　为了使转型后的门店获取更多的关注度，吸引客户进店参观选购，企业可使用娱乐化的宣传手段，达到炒热门店，广纳客户的目的。炒店形式可以分为线上与线下两种。

　　线上炒店，即利用互联网实现店铺快速走红的宣传方式。企业可通过社交APP与节目广告投放两种线上宣传方式。利用社交APP进行线上炒店，如在微博、抖音等各大具有社交属性的热门APP发布召集令，召集社交达人来新型门店进行体验，并将在店铺内体验过程的照片或短视频上传至社交平台

获赞，根据获赞数量分档位给予相应的奖品，如获赞数达100送1G流量、获赞数达500一个月内通话免费等。利用节目广告投放进行炒店，如企业可在各大热门电视剧、综艺等节目内进行广告投放，可采用的方式如明星代言，植入电视剧或冠名综艺，通过明星和热门内容资源的高点击量达到品牌宣传的目的。

实体门店可在线下进行炒店宣传，可采用互动分享会、新品发布会和促销让利会的形式进行推广。互动分享会可在每个法定节假日举行，有选择性地选取特定内容作为分享主题，吸引企业产品的潜在购买人群入店。以运营商门店为例，通过举办智能生活分享会、王者荣耀挑战赛等活动，吸引对智能家居产品感兴趣的受众，或对可能对流量升档或定向流量有需求的客户进店。新品发布会可在周末举行，其主要目的是为新发布的产品进行宣传，并鼓励客户进行体验，进而激发客户购买欲，如智能音箱发布会，可通过智能音箱对门店内的智能硬件进行语音控制，既实现了对智能音箱的宣传，也构建了以音箱为控制中枢的智慧家庭场景，吸引客户进行了解、体验和购买。促销让利会即通过限时折扣，团购等方式对产品进行低价处理，不同于传统的打折炒店活动，新零售时期下的促销让利会应结合大数据系统，每月选取出最可能受周边用户欢迎的产品，并在固定的某天对所选取的产品进行打折销售等活动，通过这种方式鼓励更多相对低端的用户进行购买，以扩大产品使用的用户群体。

企业也可与合作方进行联合炒店活动，如购买门店内产品达某一价格后送第三方产品购买代金券等，实现企业与第三方合作伙伴的双赢。

23.10 形象互联化，体现门店前瞻科技

顺应时代潮流和用户行为习惯的变化，吸引用户关注，提升消费者对新零售的感知，企业应实现门店品牌形象的互联网化，可从设计理念、室外形象、室内风格和家具硬件四方面入手。

智慧门店的设计理念应体现前瞻性与科技性；智慧门店的门头形象应简

洁、聚焦，便于消费者识别；智慧门店室内应统一装修风格，以给消费者带来良好的视觉体验；智慧门店内的家具硬件应与装修风格相辅相成，凸显交互体验与时尚科技质感。

基于对京东、小米、苹果、AT&T等多家国内与国际企业新零售体验门店的研究，针对形象互联化门店转型，我们给出了"颠覆型"与"稳健型"两类设计方案。

"颠覆型"方案在门头、场景和硬件方面均有颠覆以往的创新设计，以改变人们对传统门店的认知为设计原则，打造新的互联化品牌形象，提升消费者新奇感和价值感。该方案在室外形象上以LED门头牌匾为主，突出企业的品牌LOGO与产品定位，辅以合作方品牌与本地便民信息，吸引消费者眼球。室内则打造视、听、味一体化的场景风格，各场景区域均有特定的主题风格，营造差异化的视觉体验；听觉上，门店内播放舒缓的背景音乐，使消费者心情放松，增加消费者在门店内停留的时间；味觉上，门店可在服务区设立咖啡厅等休闲场景，提供零食饮品等，给消费者提供休闲放松的空间。家具硬件应突出创意与交互，如在橱窗及体验区有效利用互动屏幕及创意导台提升客户体验感知，同时也采用360度全景或VR全景（实景），提升互动演示效果。"颠覆型"方案适用于给消费者留下旧有刻板印象的企业门店，但该方案资源成本投入较大，且对运营能力要求高。

"稳健型"方案以极简、聚焦为原则，从科技感向生活化与温和化转变，适当的现代木纹配以明亮的色彩，以及淡雅基调，整体风格突出简约和统一。室外采用统一的简约大气门店，单一品牌LOGO点缀其中，牌匾背景颜色应与品牌LOGO风格一致；室内统一视觉实际体验，灯光效果与主品牌一致，辅以背景音乐；家具硬件以陈列形式为主，以销售为导向，突出多元化，柜台应人性化设计，功能灵活，使用轻便。"稳健型"方案适用于品类单一的门店，凸显自身在该领域的专业性，但该方案多元化场景偏好程度不足。

企业应思考体验店设立的目的，是为了打破刻板印象吸引消费者眼球，还是凸显自身行业品牌专业性，合理选择"颠覆型"或"稳健型"方案。

23.11　识别精准化，实现精准识别闭环

客户识别是营销中的重要一环，通过将产品销售给有相应需求的客户，实现产品价值的传递，而客户识别是否精准则是决定营销成败的关键因素。基于客户识别前期调研的三大内容与营销的三大原则，应提炼识别精准化的关键要点，提出用户精准识别闭环系统的构建流程。

在进行客户识别之前，企业应进行前期调研，重点基于三大内容：①周边业态调研，门店周边1~3公里商务楼宇、购物商场、社区、校园、交通枢纽等分布情况和竞争对手及跨行业竞争布局；②周边客流分布调研，了解周边客流高峰低谷时间段与关键聚客点分布，收集周边客户基本特征、消费特征、产品和渠道偏好等信息；③店内客户信息调研，研究到店客户业务办理情况、到店时间、业务和渠道偏好等信息。基于以上信息，企业可规划适合门店发展需求的精准客户识别与推荐体系。

在营销过程中，企业应遵循全面认知客户、提高成单率和提高客户满意度三大原则进行销售：其一，企业应全面抓取用户数据，精准描绘完整用户画像，知客户所知，想客户所想，在客户之前理解客户需求；其二，营销期间，选取合适的时间、场景与渠道，向客户推荐合适的产品或业务，配合每阶段的营销重点，促进销售成单率；其三，获取客户信息的过程隐形化且推荐信息的过程适时适量化，避免给客户造成困扰和引起客户的反感。

为了优化营销成果，企业应打造更生动、更丰富、更灵活和更精准的客户识别与推荐能力，具体体现在：①建立基于"需求场景—客户信息采集—触点应用"的闭环优化流程，完善标签库，实现用户画像更生动；②有效拓展线上/线下渠道触点模式，优化客户交互体验，提升客户参与便捷性，实现触点渠道更丰富；③全方位整合用户信息数据，以"全渠道、多场景、精推荐"为原则开展个性化内容推荐，实现内容推荐更灵活；④建立基于位置、交互过程的营销场景拓展及优化推荐，实现场景营销更精准。

基于以上四点，针对企业智慧门店转型提出了用户精准识别闭环系统，如图23-22所示，其运作流程如下：第一，应将客户基础数据、业务开通数

据等输入数据与场景捕捉模块，构建用户画像与产品画像，并进行内容分析与场景分析；第二，经过分析后的数据进入智能推荐引擎，采用业务推荐模型、用户提取模型、渠道适配模型和场景匹配模型进行建模适配；第三，针对适配结果，企业可进行营销方案策划、营销计划编排和营销流程管理等营销管理措施；第四，基于智能调度管理系统智能选取微门户、短信、电话、微信等渠道进行推送；第五，根据推送后的反馈，进行匹配算话、营销模型、产品画像、用户画像四方面优化，同时进行反馈统计分析与营销效果呈现，并将优化结果录入智能推荐引擎，形成封闭式客户识别精准化匹配。

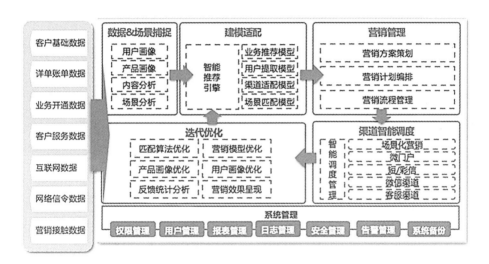

图23-22   用户精准识别闭环系统流程图

23.12   展示高清化，美化购物环境

大屏展示不仅可以满足针对不同产品的多样化展示需求，达到美化购物环境的作用，其互动性又可以提升顾客的购物体验，助力门店提高销售。屏幕大意味着需要较大的展示体验区，与小屏只能一人使用相比，大屏幕支持多人同时操作，使用时手指的触摸坐标数据相互不干扰，从人机交互转换成多人交互体验。其次新奇的互动效果会吸引和引导人流的参观，同时好的设计和艺术效果也可以为门店增加互动气氛。

23.12.1　大屏展示作用

（1）多样化产品展示，美化购物环境，提升购物体验。

（2）引导方向，可以用作为智能门店指引、查询，相对比传统的指示牌查询更加人性化。

（3）实时互动广告，制作最新的业务精美广告或者企业宣传片，在门店内进行播放，以此达到广告传播作用，既得到了宣传的作用，也加深了顾客对门店的印象。

23.12.2　大屏展示案例

（1）苏宁电器线下门店采用电子货架、视频以及二维码对商品进行虚拟展示。

（2）OPPO、vivo：特设P3 LED高清大屏，用于播放宣传视频、举办粉丝活动、创意课程，新品或明星线下发布会。

（3）华为：新品上市在店内动态电子橱窗展示炫酷影像，"P10影像家"活动在北京、上海、深圳、成都等10个城市开展，邀请专业摄影师、化妆师为消费者拍摄人像大片并打印留念。

（4）AT&T：旧金山旗舰店与Matterpoint合作推出门店3D布景网页，提供VR参观功能，营造现场浸染感。

24. 智慧门店转型未来展望

过往的十年，是传统实体零售业日薄西山的十年，传统的零售豪门像西尔斯百货(Sears)、JC Penny、Nordstrom、梅西百货（Macy's）关店潮不断，销售额和市值急剧缩水；国内华联综超、豫园商城、中百集团、友好集团等利润下跌超九成；新世界、文峰股份、汉商集团、银座股份等利润下跌超过五成；美特斯邦威、波司登、达芙妮等也关闭了大量的实体店铺。

传统实体零售企业的衰落一方面是受到电子商务巨头巨大的冲击，另一方面传统零售本身也有多方面原因，跟不上用户变化的节奏，比如消费升级、自我意识觉醒、重视品质及品牌附加值、个性化与特色的追求、网红经济、粉丝经济、社群经济、共享经济等，零售商们缓慢的应对脚步更加速了其被淘汰的步伐。

未来，驱动零售业革命的两个最大要素，一是技术变革带来的效率体验的不断升级，二是客户为中心的消费升级，线下与线上零售深度融合，服务商利用大数据、云计算等创新技术不断提高智能化程度，满足不同的场景化需求，新零售的蓝图会徐徐展开，继续引领零售业的创新发展。

24.1 技术变革实现跨越式发展

技术对零售行业而言，是实现效率与管理飞越提升的重要手段，通信技术的不断突破解决了商品信息的即时传输等问题；二维码、RFID等自动识别技术很好地解决了商品管理难题；用现代化的物流与仓储技术来解决产品端到端的流通与管理问题；大数据与云计算使得商品满足用户的个性化等特色服务成为可能。

人工智能、AR/VR、生物识别、图像识别、机器人等技术的变革，将呈现出场景感知及场景数据化能力的增强，跨场景数据的打通、共享、互联日益明显，智能化水平不断提升运营效率等特点。

虚拟助理可以通过人脸识别技术，结合视频分析技术、WiFi探测技术以及来自销售系统的数据分析客户消费记录并进行精准推荐，并用自然语言处理和生成的对话方式进行交流。

基于大数据的精准营销成为趋势，在信息展示、商品体验、订单、支付、物流配送、售后等不同环节数据化的基础上，以大数据和人工智能技术为核心，可以深度洞察用户需求、建立精准用户画像，为不同客户提供不同的产品和服务，实现个性化和精准化营销。

新型的移动支付技术将颠覆传统便利店和超市的运营模式，使用计算机视觉、深度学习以及传感器融合等技术，彻底跳过传统收银结账的过程。

未来人工智能通过大量自动识别和学习横跨不同来源的数据，将可以帮助零售企业实时预测，并实现自动化决策，通过提升预测准确度，机器学习和计算机视觉可以更好地预测消费者预期，同时自动化供应商谈判。

随着越来越多的销售迁移到线上，AI技术还能借助大数据帮助零售企业预测未来新开门店表现，为店址选择提供精准参考。

WiFi探针球形仪可以监测采集用户行为数据，自动记录消费者的行走路径和停留时间，通过数据采集和积累沉淀，推算出该地区客群的消费偏好和特点。

Take技术可实现全方位产品信息显示，商品底部安装智能芯片，灵敏感应位置移动，并触发屏幕自动播放相应的视频，当消费者拿起商品时，Pad屏幕自动播放商品的介绍视频。

流量漏斗可形成对商场、店外、店内人流量统计，结合年龄、性别进行热力分布及转化分析；自动分析生成店内消费者行为轨迹和关注热力。

对于库存领域来说，机器学习算法完全控制商品传送，将商品及时送到客户面前，自动机器人将包裹送到运输工具上，无人驾驶汽车或者无人机根据天气和交通情况选择最佳路径送货，未来客户完成订单后送货立刻启动，客户到家即可收到商品，真正实现无缝物流。

24.2　消费升级提供肥沃土壤

在客户消费升级方面将呈现出需求更趋个性、注重美学设计和内在价值的特点；场景即时化、碎片化、多元化；价值创造参与度大幅提升等特点。

"80后""90后""00后"正成为中国市场的核心消费群体，新一代消费者自我意识更强，而消费态度和行为也更加个性化，他们更重视购物过程体验，希望与品牌商及零售商建立交易关系之上的信任感和亲密感，他们对社交媒体上营销信息的接受度也明显更加开放、正面。

价值观多元化、文化认同多元化、审美观念多元化，文化、艺术、人文的消费创造以及其与商业空间、品牌内涵、价值观念的跨界连接，将产生无限的消费想象力。

满足、适应和挖潜个人化、小群体的需求，消费的品牌、内容和服务就要有其独特性，为小众标新立异，为独有个性定制，将充满个体表达的设计感融入消费当中，未来亦为常态之一。

消费结构升级的重点领域和方向包括服务、信息、时尚、品质等，"新零售"与重点消费领域跨界、融合生成"新物种"是必然趋势，也将催生新的消费域和消费模式。

未来场景化体验将渗透到产品和服务的方方面面。企业的产品会根据场景设计功能，强化用户体验，产品体验不足时，企业会建立适当的服务场景打动客户，还可以通过大数据分析预知消费场景提升客户体验。通过消费者的大数据分析，企业可轻松整理客户需求、预判客户使用场景，优化产品和服务。

24.3 只争朝夕，铸就辉煌

马云曾经说过："很多人输就输在，对于新兴事物，第一看不见，第二看不起，第三看不懂，第四来不及。"在新零售日新月异、一日千里的今天，尽管仍然存在对其信任、模式、技术、盈利等方面的质疑和问题，但传统零售和互联网巨头的新零售之路注定要扬帆起航，互联网巨头能否继续引领新零售，传统零售业能否借助新零售重现辉煌，抑或是你中有我、我中有你，携手前行，未来如何取决于今天以何种的态度、何种的力度、何种的气度去拥抱它，让我们拭目以待！